JN199122

道徳教科書フル活用！
楽しい道徳の授業プラン
〜「人としての生き方５原則」を貫く
授業の新構想〜

堀田和秀　著

学芸みらい社
GAKUGEI
MIRAISHA

まえがき

「特別の教科　道徳」が新設された。

平成三二年度から、新学習指導要領が本格実施となるが、「特別の教科　道徳」は、それに先駆けて平成三〇年度から先行実施される。

この出来事は、昭和三三年の学習指導要領で「道徳の時間」が特設されて以来の大きな変化である。

道徳が教科化されたことで、何が変わるのか。

一つ目は、道徳の授業を必ずやらなければならないということである。

これまでの学校現場では、道徳の時間を軽視する傾向があった。

文部科学省の報告にも、そのことが課題に挙げられている。

運動会の練習で授業ができなかったとき、国語や算数なら他の教科を振り替えてでも授業をする。

しかし、道徳の授業を、振り替えてまで行う先生は少ないだろう。

また、教科の授業時数が足りなくなると、道徳の時間を削ったりすることも数多く見られた。

「教科化」は、道徳の授業の軽視に一石を投じたのである。

教科化されたことで、授業時間を削ったり、他の教科に振り替えたりすることはできなくなる。

年間三五時間の授業時数の確保のために、毎週一時間、道徳の授業を必ず行わなければならない。

二つ目は、道徳の教科書を使うことが義務づけられるということである。

これまで、道徳の読み物資料として与えられていたのは、副読本だった。

副読本は補助資料であり、使用義務はなかった。

しかし、教科書は違う。

教科書は、使用義務が生じる。

もちろん、場合によっては投げ込み資料や映像教材で授業をすることもできる。

私たちが研究してきたＴＯＳＳ道徳の授業も実施可能である。

しかし、それは「教科書を使った授業」が基本であり、時にはそういう授業もあってよいというイメージである。

教科書を使って、子供たちの心が葛藤するような、具体的な授業プランの開発が必要になる。

三つ目は、道徳の学習について評価しなければならないということである。

これまでの道徳は、教科ではなかったため、評価する必要はなかった。

しかし、教科になれば、学習に対する評価が必要になる。

道徳は、「数値などによる評価は行わない」ことになっている。

よって、ほとんどの自治体では、「文章表記」で評価を行う。

この道徳の評価が、多くの先生方にとって最大の懸案事項である。

具体的に、何を書けばよいのか。何を評価すればよいのか。

そもそも、子供の道徳性は評価すべきものなのか。

このような葛藤の中で、道徳の評価も実施されることになる。

本書は、「特別の教科　道徳」の新設に合わせて、道徳教科書をフルに活用した授業プランを提案している。

道徳の読み物資料は、ワンパターンではない。

主人公の心の動きや葛藤、フィクションやノンフィクションなど、いくつかのパターンに分類できる。

パターンがあるなら、そのパターンごとの授業プランが必要だ。

そこで、道徳の教科書に出てくる読み物資料を五つのパターンに分類し、それぞれのパターンごとに、対話を中心とした授業プランを示した。

授業の最後には、TOSS道徳の「知見に満ちた語り」を入れ、正しい行動を強化するように組み立てている。

また、道徳の評価の方法や文例についても、提案している。

これからの道徳授業の参考になればうれしい限りである。

なお、私の実践は、向山洋一氏が提案したTOSS道徳がベースになっている。そして、師匠甲本卓司氏の道徳の授業に触れなければ、本書の完成はなかった。

また、本書の執筆にあたり、学芸みらい社の樋口雅子氏には、何度も温かい叱咤激励をいただいた。

多くの皆様に感謝申し上げる。

二〇一八年　四月六日

堀田　和秀

目次

2 道徳教科書を使いこなす五つの授業パターン

3 教科書を使って、対話型の道徳授業を組み立てる

4 教材の五類型に基づく対話型の道徳授業づくり
～有名教材を「五つの授業パターン」で授業化する～

5 効率的で、効果抜群！「道徳の評価」は、このように書く

6 新指導要領の「内容項目」を軸にした教科書教材＋TOSS道徳の授業づくり

～教科書会社別教材とTOSS道徳の実践学年別一覧～

1

「特別の教科　道徳」でここが変わる！
～教科書を使った道徳の授業をどう創るのか～

一　新卒教師にとって鬼門だった道徳の授業

道徳の時間。

新卒当時の私にとって、鬼門の時間であった。

国語や算数には、教科書がある。指導書を見れば、まがりなりにも授業ができた。

しかし、道徳はそうはいかなかった。

副読本はあるものの、指導書に書かれている発問は、ほとんどが「○○さんは、なぜそう思ったのでしょうか」という気持ちを問うものばかりである。

授業でこの発問をすると、子どもたちの顔が曇った。

気持ちを問われても、書いていないから分からないのだ。

授業のことは全く分からなかったが、「気持ちを問う発問はダメだ」ということだけは、新卒のころから思っていた。

私は、小学生時代に自分が受けた授業を片っ端からやってみた。

たとえば次のような授業である。

①　教育テレビの番組を見せて、感想を言わせる。
②　副読本を読んで、感想を聞く。
③　学級の問題を取り上げて、みんなで話し合う。
④　人権問題や社会的課題を取り上げて、教師が説明する。

「気持ちを問う授業」よりはましではあったが、子どもたちの反応は芳しくなかった。明らかに面白くないという表情を見せていた。

しかし、新卒当時の私には、どうすることもできなかった。

二　子どもが真剣に取り組んだ「わたしのいもうと」の授業

ＴＯＳＳ道徳に出会ったのは、新卒三年目のことである。

サークルに通い始めた私は、サークルのレポート報告で衝撃を受けた。

先輩の先生が持ってきていた学級通信には、「わたしのいもうと（松谷みよ子作）」の授業記録とあわせて、授業を受けた子どもたちの感想がびっしりと書き込まれていた。

「妹はかわいそうだった。いじめはよくないと思った」

「いじめは絶対に許してはいけないと思った」

「私は、絶対にいじめはしない。もししている人がいたら止める」

そして、ある子の感想は、次の言葉で終わっていた。

「次の道徳は何をするのか、楽しみです」


何だ、これは？

自分のクラスでは顔が曇る道徳の授業を、楽しみにしている子がいる。

この授業をすれば、もしかしたらこのような反応が返ってくるかも知れない。

さっそく教室で実践してみた。

「わたしのいもうと」の絵本を用意し、読み聞かせをした。


【あらすじ】

いもうとが、四年生で引っ越してきた先の学校でいじめが始まる。

言葉がおかしい、跳び箱が跳べないとからかわれる、くさいぶたと言われる。

妹が配った給食は、誰も受け取ってくれない。

そして、いもうとは学校に行かなくなった。

ご飯も食べなくなり、口もきかなくなり、やせ衰えていった。

お医者さんから、「このままでは命が持たない」と言われ、お母さんがスープを流し込み、抱きしめて、ようやく命を取りとめた。

中学生になり、他の子はセーラー服を着て、楽しそうに学校に通う中、いもうとは部屋に閉じこもったまま、黙ってどこかを見ているだけ。

月日が流れ、高校生になり、いもうとは鶴を折るようになるが、振り向

いてもくれない。

　ある日、いもうとはひっそりと亡くなってしまう。


二年生の子どもたちだったが、食い入るように絵本を見ていた。

いもうとが配った給食は誰も受け取ってくれないというところまで読み聞かせて、次のように聞いた。

発問　いもうとは、このあとどうなったと思いますか。

八名の子どもたちの手が一気に上がった。

先週まで顔が曇っていた子どもたちの姿は、そこにはなかった。

「学校に行かなくなった」「今は、がんばって学校に行っている」など、次々と意見が出た。

続きを読み聞かせた。

子どもたちは、集中してお話を聞いた。

最後に、感想を書かせた。

「このお話のいもうとは、かわいそうでした」

「ひとをいじめるのは、よくないと思いました」

「わたしは、ぜったいにひとをいじめることはやめようと思いました」

授業終了後、一人の女の子が私に言った言葉を、今でも覚えている。

「先生、今日の授業、ちょっとこわかった」


今まで道徳の授業で、子どもが感想を言いに来ることなど、一度もなかった。

「楽しかった」ではなかったが、腹の底にズシンと響く手応えを感じた。

この日から、私はTOSS道徳の実践を追試していくことになる。

三　つまらない道徳授業から脱却した「TOSS道徳」

TOSS道徳は、向山洋一氏が一九八九年の箱根会議アピールをもとに体系化した指導方法である。

「つまらない道徳の授業」「白々しい道徳の授業」から脱却するために、次の三つが提案された。

A．力のある資料（聞くだけで、心に葛藤が起こる教材）
B．力のある授業（教師の確信）
C．体験、知見に満ちた語り

力のある資料は、読むだけで、見せるだけで、子どもたちは真剣に考える。

実際に起こった出来事だからである。

私が担任した二年生でも、いじめの事実と直面したことで、真剣に考えた。だから、食い入るように絵本を見ていたのだ。

作り物の教材を読むと、我々教師も「本当に、こんなことあるか？」と思ってしまう。

そんな疑問を抱えたまま授業に臨む。

これでいい授業ができるはずがない。

教師が納得し、「これだけは子どもたちに伝えたい」と思った内容なら、授業にも熱が入る。

我々が伝えたいと思う内容は、やはり「事実」である。

成功した人物のエピソード。

実際に起こった事件からの教訓。

このような事実こそ、授業すべきである。

「わたしのいもうと」も、事実だからこそ子どもの心を掴んで離さないのだ。

そして、教師はこのような事実をもとに、子どもに語らなければならない。

説教では、子どもは変わらない。

説教は、思いつくまま、思ったことを羅列しているに過ぎない。

だから、長くつまらない時間が続く。

子どもたちは「めんどくさいなあ」と思って、聞き流している。

教師が体験したことを、具体的に語るべきだ。

「語り」について、岡山県の甲本卓司氏は、次のように教えてくださった。

> 「語り」の秘訣は、自分の目の前にその様子を思い浮かべながら、その映像を説明するように話していくことだ。
>
> 堀田　講座メモによる

教師のエピソードを交えながら語った内容は、子どもたちもよく覚えている。

エピソード記憶として残っているのだ。

このように、人間としての生き方を力のある資料を使い、説教ではなく語りで組み立てていく道徳の授業。

これが、ＴＯＳＳ道徳なのである。

四　ＴＯＳＳ道徳の「生き方五原則」

向山氏は、「道徳の授業では何より、人間の生き方の原理原則が教えられるべきである」と言われる。

「人間の生き方」の原理原則とは何か？

ＴＯＳＳ道徳では、次の五つが提唱されている。

① 相手のことを心から考えよう
② 弱いものをかばおう
③ 世のため人のためになることをしよう
④ まず自分にできることをしよう
⑤ 先人に学ぼう

道徳の学習指導要領には、徳目と呼ばれるものがある。

「親切、思いやり」や「家族愛」など、新学習指導要領では二二項目もある。

ＴＯＳＳ道徳の「生き方五原則」は、五つにまとめられていることで、シンプルに考えることができる。

この「生き方五原則」を教えるための授業群が、ＴＯＳＳランド（http://www.tos-land.net/）を中心にたくさん創られていったのだ。

五　道徳の授業が「教科化」される

ＴＯＳＳ道徳を知ってから、教室での反応が変わった。

毎週の道徳の時間が楽しみになった。

それ以上に、子どもたちが道徳の時間を楽しみに待つようになった。

「先生、今日の道徳、何するの？」

このような声が聞かれるようになった。

私は、ＴＯＳＳランドやＴＯＳＳ道徳の本から、実践を探しては授業をするようになった。

確かな手応えがあった。

ＴＯＳＳ道徳の授業をやっていれば、子どもたちが熱中する授業を続けられると思っていた。

しかし、二〇一八年から、大きな転換を迫られることになる。

道徳の教科化（「特別の教科　道徳」の設置）

である。

六　「道徳の教科化」で、授業が変わる？

教科化されることで、何が変わるのか。

①　道徳の「教科書」が導入される
②　道徳の授業の「評価」をしなければならない

教科書が導入される。

それは、教科書を使った授業が求められるということである。

使わなければ、法律違反である。

先日、教科書の見本が学校に届いた。

教科書を開いて分かったことは、

掲載されている教材は、これまでの副読本とほとんど同じ

であるということだ。

新卒時代に、手応えのなかった読み物教材を使った授業を、必ずやらなければいけない。

ＴＯＳＳ道徳の実践群に、読み物教材を扱った授業はまだ少ない。

このままでは、「つまらない道徳」「白々しい道徳」に逆戻りである。

七　道徳教科書　三つの特徴

二〇一八年度から使われる道徳の教科書には、次のような特徴がある。

① 現代的な課題に対応した教材を掲載
② 討論することを意識した教材群
③ 会社によっては道徳ノートが別冊でついてくる

① 現代的な課題に対応した教材を掲載

防災教育、情報モラル教育、キャリア教育。

これまで、総合的な学習の時間等で扱ってきた内容が教材として掲載されている。

このような現代的な課題についても、道徳の時間に扱うことができるようになる。

また、大津の事件以降、大きな課題となっている「いじめ」に関する教材が、今まで以上にたくさん掲載されているのも、特徴の一つである。

② 討論することを意識した教材群

新学習指導要領の目玉は、「主体的・対話的な深い学び」である。

一言で言えば、「討論の授業」である。

各教科書会社も、そのことを意識した教材を掲載している。

たとえば、日本文教出版「生きる力」六年の教科書には、「門番のマルコ」というモラルジレンマ教材が掲載されている。


【あらすじ】

門番であるマルコは、お父さんから「王様の言うことをよくきいて立派に働く」ように言われる。

仕事が始まる日、先輩の門番から「君が番をする門は、戦いに行くとき以外は、決して開けてはならないというきまりがある」と教えられる。このきまりは、王様が作ったものだった。

あるとき、王様がかりに出かけた途中で体調を崩し、急いでお城に戻ることになった。

マルコが番をする門を通れば、一番速くお城に戻ることができる。

王様から門を開けるように言われて、マルコは「門は戦いのとき以外に開けてはならない」というきまりを守るか、「王様の言うことをよく聞くように」という父のいいつけを守るか、迷ってしまう。


モラルジレンマとは、「背反する二つの命題において究極の選択肢を迫られるときに発生する葛藤」のことである。この教材では、「マルコは門を開けるべきか、開けないべきか」で葛藤が生じ、討論をさせることになっている。

本当にこのような葛藤が生じるかどうか賛否両論ある。

「王様の命令で番をしているのだから、王様の言うことを聞けばいいだろう」と考えられなくもない。

ただ、討論が生じることを意図して掲載されていることは、間違いない。

③　会社によっては道徳ノートが別冊でついてくる

すべての会社ではないが、別冊で「道徳ノート」がついてくる。

日本文教出版の「道徳ノート」は、罫線ノートではない。

たとえば、六年「手品師」のノートには、次のように書かれている。

たった一人のお客様の前で、手品を演じているときの手品師は、どんな気持ちだったでしょう。


この発問に対しての記述欄が大きく空いている。

つまり、このノートを使うためには、この発問を使う必要がある。

教科書には、全部で三九の教材がある。

そのうち、「気持ち」や「思い」を問う問題が、三一もある。

道徳ノートがあることで、今まで道徳をいい加減にやっていた教師は、道徳の授業をやらざるを得なくなるだろう。

また、道徳の授業に苦手意識のある教師にとっては、発問が明確に示されているため、授業をやりやすくなるだろう。

その一方で、この発問をしなければノートが書けないため、「つまらない道徳」「白々しい道徳」が横行する可能性もある。

道徳の教科書が配布されることで、これからの道徳授業は変わることを余儀なくされる。

八　「教科書を使った道徳授業」の研究が急務だ！

教科書教材を使った授業を研究しなければならない。

文部科学省の指定を受けて、先進的に研究を進めている学校がある。

ある学校の「読み物教材を使った研究」の公開授業を見た。

この研究で行われる授業展開は、次の通りであった。

①　資料を読み聞かせする
②　簡単に状況設定を確認する
③　中心発問をして、主人公の気持ちの変化について話し合う
④　教材文から離れないように、あくまで教材文のことについて話し合う
⑤　授業の最後に、感想を書く

この授業を受けている子どもたちは、どのクラスも沈滞ムードが漂い、特別な支援を要する子はスポイルされ、机に突っ伏していた。

原因は、「たった一人への問い返し」という授業手法である。

主発問に対して答えた子に対して、「それってどういうこと？」と問い返す。

延々と一人だけに問い返していくので、他の子はただ聞いているだけ。

ほとんどの子が、つまらなくなるのは当然である。

講師は、次のように話していた。

「子ども同士の話し合いでは、子どもの考えが深まらない。教師が意見を言った子どもに対して『問い返し』をすることで、考えが深まる。他の子は、その発言していることを聞いているだけでよい」

この授業展開では、子どもたち全員を巻き込むことはできないと思った。

一部の、教師が好みそうな答えを言う子だけがピックアップされ、他の子は置き去りになる。

すべての子どもが活躍し熱中する、教科書を使った授業の研究が急務である。

九　「教科書を使った授業＋ＴＯＳＳ道徳」のセットで、授業を創る

子どもが活躍し熱中する授業は、ＴＯＳＳ道徳の授業にある。

しかし、これからは教科書を使った授業が求められる。

ならば、次のようにすればよいのではないか。

> 教科書を使った授業＋ＴＯＳＳ道徳で授業を創る

まず、教科書を使った授業を行う。

そして、授業のまとめとして、力のある資料を使ったＴＯＳＳ道徳の授業を行う。

ＴＯＳＳ道徳の授業は、これまで蓄積されたものを短縮し、「ミニ授業」として扱えば、まとめとして使える。

セットで授業することで、すべての子どもを活躍させ、熱中させることができるはずである。

2 道徳教科書を使いこなす五つの授業パターン

一　道徳の教科書教材は、五つに分類される

「特別の教科　道徳」では、教科書を使っての授業が求められる。
そのためには、教科書教材の研究が必要である。
道徳の教科書教材は、すべて同じではない。
内容によって、いくつかに分類することができる。
私は、道徳の教材を次の五つに分類した。

（一）内面変化型
（二）意見対立型
（三）初志貫徹型
（四）偉人の生き方型
（五）ルール・マナー型

それぞれの教材のタイプによって、授業プランは変わる。

「どのタイプの教材なのかを見抜く」ことが、教材研究の第一歩となる。
そして、それぞれのプランに当てはめれば、どの教材でも授業可能となる。

二　河田孝文氏の「道徳教科書を使った授業」プラン

山口県の河田孝文氏が、「道徳教科書を使った授業」を実践されている。
河田氏は、次のように展開されている。

> ①　資料の読み聞かせ
> ②　ノートに考えたこと、思ったことを書く
> ③　ノートの要約、または抜粋を黒板に書く
> ④　黒板を読む
> ⑤　意見交換
> ⑥　ノートに考えを書く
>
> 教育トークライン　No．四九一　二三頁　河田孝文氏　論文

道徳の授業は、国語ではない。
音読の力を鍛えるのではないのだから、資料は教師が読み聞かせるのがよい。
読み聞かせたら、「ノートに感想を書きなさい」と指示する。
感想を一～二行に要約させて、黒板に書かせる。
意見交換では、友だちの意見に対して質問をしたり、反論したりする。
この場面で、討論になることもある。

新学習指導要領で謳われる「主体的・対話的な深い学び」を実現する授業となる。

最後に感想を書かせる。

授業の流れはシンプルだが、「気持ちを問わない」ので分かりやすい。

この流れを「教科書を使った授業の基本型」とする。

この基本型を、教材のタイプによって一部分を変化させる。

そして、最後にＴＯＳＳ道徳のミニ授業や語りを付け加える。

道徳は、「人間としての生き方を教える」ことを目的としている。

子ども同士で話し合わせるだけでは、あらぬ方向に進む可能性もある。

だから、最後に教師が正しい行動を示す。

ＴＯＳＳ道徳には、正しい行動を教える実践がたくさんある。

この授業群を短くまとめ、ミニ授業として活用する。

「教材を読み、子ども同士で話し合い、ＴＯＳＳ道徳のミニ授業でまとめる」

これが、私の提案である。

三　道徳教科書の使い方　五つのパターン

第三一回日本教育技術学会で、「道徳教科書の使い方四パターン」を提案した。

当時は、討論型授業を基本としていた。

しかし、教材のタイプによっては討論にならないものや、討論させない方がよいものもある。

そのまま読み聞かせて終わった方がよい資料もある。

そこで、資料を一部修正した（二八頁参照）。

第31回日本教育技術学会　東京・大正大学大会（2017.11.25）

「討論型授業＋力のある資料」で道徳授業を組み立てる～教科書の使い方の「型」４パターン～

向山洋一氏の「道徳に関する提言」
箱根会議アピール（1989）
1. 学校における道徳性の涵養を必要と考える。
2. 現在の道徳授業は，狭く単一で単調であり，子どもの実態に合っていない。
3. 子どもの実態に合ったものにしていく。

【授業改革】
①徳目を単純化してそのねらいを達成する
②複数の徳目を扱った授業
③学級の事件に対応できる授業
④事実を出して，事実を確認する授業
⑤いくつかのテーマを構造的に組み立てていく授業

『TOSS道徳』の誕生
【キーワード】
1. 力のある資料
2. 力のある授業
3. 教師の知見に満ちた「語り」

「特別の教科　道徳」平成30年度全面実施（教科書を使った授業プラン）

	Step1 問題をとらえる	Step2 主体的，対話的に学ぶ・思考する	Step3 まとめる	
プランA 内面変化型	①教科書の資料を読み聞かせる ②資料を読んでの「感想」をノートに書かせる ③簡単な問答で，「状況設定」を確認する	主人公の気持ちの変化を問う（谷 和樹氏 2017.0916谷討論徹底講座） 【発問例】 ○○さんの「ターニングポイント」はどこですか。 教科書の文章に即して，主人公の気持ちがどの場面で変化したのかを問う。国語・分析批評で，「クライマックス」を問うイメージが分かりやすい。 適している教材 ： 前半と後半で主人公の気持ちが変わる教材。	① TOSS道徳 ミニ授業 ②「力のある資料」の読み聞かせ ③教師の知見に満ちた「語り」	再度，授業の感想をノートに書かせる。
プランB 意見対立型	①教科書の資料を読み聞かせる ②資料を読んでの「感想」をノートに書かせる ③簡単な問答で，「状況設定」を確認する	主人公の行動に賛成か反対か（どちらの意見に賛成か）を問う 【発問例】 ○○さんの行動に，賛成ですか，反対ですか，どちらでもないですか。 ノートに意見を書かせ，要約を黒板に書かせておき，討論させる（河田孝文氏実践）。「主体的・対話的な深い学び」を実現するのに，もっとも有効な発問である。 適している教材 ： 対立する2つの意見が存在している教材，モラルジレンマ教材 etc.	① TOSS道徳 ミニ授業 ②「力のある資料」の読み聞かせ ③教師の知見に満ちた「語り」	最終の自分の考えをノートに書かせる。
プランC 初志貫徹型	①教科書の資料を読み聞かせる ②資料を読んでの「感想」をノートに書かせる ③簡単な問答で，「状況設定」を確認する	主人公の行動ができるかどうかを問う（石坂 陽氏 実践） 【発問例】 ① あなたなら，～をすることができますか。 ② できないとすると，それはなぜですか。 適している教材 ： 主人公が一貫して信念を持って行動し続ける教材	① TOSS道徳 ミニ授業 ②「力のある資料」の読み聞かせ ③教師の知見に満ちた「語り」	再度，授業の感想をノートに書かせる。
プランD 偉人の生き方型	「力のある資料」を読み聞かせ，主題を問う（河田孝文氏 実践） ①教科書の資料を読み聞かせる ②資料を読んでの「感想」をノートに書かせる ③発問は，それぞれの教材によって異なる ※この教材を使った「TOSS道徳の授業」を創り出す必要あり。	道徳の内容項目「A-(6)真理の追究」「C-(17)伝統文化の尊重，国や郷土を愛する態度」「D-(22)よりよく生きる喜び」に関する資料には，実在した偉人の伝記が数多くある。このタイプの資料は，読み聞かせるだけで，子どもの心に届いている。 適している教材 ： "偉人の生き方"が書かれた教材	再度，授業の感想をノートに書かせる。	

教科書を使わない授業プラン

エピソード紹介型
(1)「次の①～⑦の言葉はある一人の人物が本当に言った言葉ですが，どんな人か想像しなさい」
(2)【７つのエピソードを読み聞かせる】
(3)子どもの予想を聞く。
(4)その人物を紹介する。（向山洋一氏実践）

TOSSランド・新法則化実践　追試型
教科書を使わずに，TOSSランドや「授業の新法則化（学芸みらい社）」の実践を追試する時間があってもよい。
（TOSSランド http://www.tos-land.net/）

ルール・しつけ　徹底指導型
とりわけ小さいときには，年齢が小さいときには，人間としての生き方の原理原則をきちんと教えるべきだ。（向山洋一氏）
人間として守るべきルールやきまりは，議論するのではなく，徹底して教え込む必要がある。

五つのタイプの教材に対する授業プランに加えて、「エピソード紹介型（向山洋一氏の道徳授業をトレース）」と「ＴＯＳＳランド・新法則化実践　追試型」を入れた。

全部で、七つの授業プランである。

以下、それぞれの教材のポイントと授業プランを紹介する。

四　教科書教材五つのパターンと授業プラン

（一）内面変化型

①　教材の特徴

読み物教材には、主人公が出てくる。

この主人公の気持ちが、途中で変化するタイプの教材である。

四つの教科書会社が掲載している「ヒキガエルとロバ」という教材がある。

【あらすじ】

主人公のアドルフとその友だちは、道の上にいたヒキガエルに石をぶつけて遊んでいた。

向こうからロバが引いてくる荷車を見て、「このまま行けばヒキガエルは荷車にひかれる。面白そうだ」とアドルフは考えて、様子を見ることにした。

向こうからやってきたロバは、そのヒキガエルをひくことなく、よけて通っていった。

その様子を見て、アドルフは持っていた石をポトリと落とした。

主人公のアドルフは、何らかの気持ちの変化があったから、「石をポトリと落とした」と考えることができる。

このタイプの教材の場合、主人公が最初は道徳的によくない行動を行っている。

しかし、ある出来事をきっかけにして、気持ちが変化し、よくない行動を反省する。

このような組み立てになっているのが、「内面変化型」である。


【「内面変化型」の教材を見分けるポイント】
① 主人公は、最初に道徳的によくない行動をする
② 事件が起こり、主人公の気持ちが変化したと思われる行動を起こす

② 「内面変化型」の授業パターン

【「内面変化型」 授業の基本型】
（1） 教材文を読み聞かせる
↓
（2） 状況設定を確認する（登場人物、場面、何が起こったのか、など）
↓
（3） 主発問をする

> ○○さんのターニングポイントは、どこですか　※注1（p56）
> （○○さんの気持ちが変わったのは、どこですか）

↓
※ノートに意見を書かせ、討論を行う
↓
（4）ＴＯＳＳ道徳ミニ授業を行う
↓
（5）感想を書かせる

主人公の内面が変化する。

これは、分析批評でいうと「クライマックス」である。

しかし、「○○さんは、このときどう思ったのだろうか」と問うてはいけない。

子どもたちを、書いていないことに誘導することになるからである。

それに対して、「ターニングポイントはどこか」なら、どの子も答えることができる。

教材の中の一文を選べばよいからだ。

低学年ならば、「○○さんの気持ちが変わった一文はどこですか」と聞くと、分かりやすい。

選んだあと、なぜそこで気持ちが変わったのか、意見を書かせる。

その意見をもとに、討論させる。

残り一五分で、ＴＯＳＳ道徳のミニ授業を行い、感想を書かせる。

ほとんどの「内面変化型」の教材は、このプランで授業可能である。

③「ヒキガエルとロバ」の授業プラン

（1）教材文を読み聞かせる

教材文を最初から最後まで、ゆっくりと読み聞かせる。

（2）状況設定を確認する

簡単に、このお話の状況を確認していく。

発問一　アドルフたちが、ヒキガエルに小石を投げつけたのは、なぜですか。

◆気持ち悪いから。
◆びっくりさせられたから。
◆いじめるのが楽しいから。

発問二　アドルフたちが、くぼみに逃げ込んだヒキガエルを見守った理由は何ですか。

◆ヒキガエルが、ロバの引いてくる荷車にひかれると思った。
◆荷車にひかれる方が面白いと思った。

発問三　ヒキガエルを目の前にしたロバは、どのような行動をしましたか。

◆ヒキガエルのくぼみの横を通り過ぎた。
◆ヒキガエルを助けた。

状況を確認する上で大切なのは、「気持ちを問わない」ということだ。気持ちを問えば問うほど、子どもたちは混乱する。教科書に書いてあることを、リズムテンポよく聞いていく。

(3) 主発問をする

発問四　アドルフは、最初と最後で気持ちが変わっています。アドルフの気持ちが変わったターニングポイントはどこですか。その一文を探しなさい。

一文を探して、教科書に線を引かせる。線を引いた理由をノートに書かせ、討論させる。

【「アドルフの手から石がすべり落ちた」派】
◆ロバの行動を見て、「しまった。悪いことをした」と思ったから、石を落としたと思う。
◆ヒキガエルの命を大切にしなかったという反省から、石を投げるのをやめようと思って、石を落としたのだと思う。

【「ロバのすがたをいつまでもながめていた」派】

◆ロバをながめているということは、「ロバはカエルの命を救った。自分たちは命を大切にしなかった」と反省しているから、いつまでも眺めていたのだと思う。

◆ロバと自分たちを比べて、「情けない」と思ったから、眺めていたと思う。

おそらく、この二つの意見で分裂する。

国語の討論ではないので、教科書の記述から離れた意見も認める。

(4) TOSS道徳ミニ授業を行う

石橋剛氏「『どうぶつたちへのレクイエム』から動物の生命について考える」(TOSS道徳「心の教育」11 明治図書)をミニ授業化する。

下の犬の写真を見せて、次のように問う。

指示一　この写真を見て、分かったこと、気づいたこと、思ったことをお隣さんに言いなさい。

お隣同士で話し合ったあと、発表させる。

◆ちょっと寂しそう。

◆何か檻のようなものに入っている。

◆元気がないように見える。

語り一　この犬は、もうこの世にはいません。動物収容施設というところに持ち込まれて処分された犬です。「どうぶつたちへのレクイエム」という本の著者児玉小枝さんは、次のように書いています。

「無責任にどうぶつを捨てたり、保健所に持ち込んだりする人があとをたたないこと、放し飼いにされた挙句、迷い犬となって収容される犬がたくさんいること、犬は収容されて四日目に、猫はその日の内にも殺処分されていること、その処分方法は安楽死などではなく〝炭酸ガスによる窒息死〟であること、そして、今、目の前にいる彼らもまた…。

今、日本の社会で、どうぶつと人間が共存していくためには、私たち人間が社会のルールやマナーを守り、どうぶつたちの〝いのち〟に責任を持って暮らしていく他はありません。」

生き物には、すべて命があります。命に大きい、小さいはないのです。

すべての生き物の命はとても大切です。そして、大切にしなければならないのです。

(5)　感想を書かせる

「授業の感想を、ノート一ページ程度書きなさい」と指示する。

感想は、できるだけ長く書かせるのがよい。

（二）　意見対立型

①　**教材の特徴**

主人公が、対立する二つの意見・行動で葛藤する教材がある。

六つの教科書会社が掲載している「絵はがきと切手」という教材がある。


【あらすじ】

ある日、ひろ子は友だちから料金不足のはがきを受け取る。
ひろ子は、このことを兄とお母さんに相談する。
切手が足りなかったことを教えてあげた方がいいという兄と、お礼だけ言えばいいという母の意見の間で、ひろ子はどのように返事を書くか悩む。

この教材では、「お金が足りなかったことを教えた方がよい」という兄の意見と、「お礼だけ言ってお金のことは言わない方がいい」というお母さんの意見が、対立している。

このように対立した二つの意見がある場合、「どちらの意見（行動）に賛成か」を問うことができる。また、主人公がどちらかを決断している場合は、「○○さんの意見（行動）に賛成か、反対か」を問うことができる。

討論に適したタイプの教材である。

【「意見対立型」の教材を見分けるポイント】
① 対立した二つの意見（行動）が出てくる
② 主人公が二つの意見の間で悩むタイプと、主人公がどちらかの決断を下すタイプがある

② 「意見対立型」の授業パターン

【「意見対立型」授業の基本型】
（1）教材文を読み聞かせる
↓

（2）状況設定を確認する（登場人物、場面、何が起こったのか、など）
↓
（3）主発問をする

○○さんの行動に、賛成ですか、反対ですか。それとも、別の方法がありますか。

※ノートに意見を書かせ、討論を行う
※別の方法がある場合は、その方法を全体に伝える
↓
（4）TOSS道徳ミニ授業を行う
↓
（5）感想を書かせる

二つの対立する意見が出てくるということは、学習者にどちらがよいかを判断させたいという意図がある。

だから、主人公の行動に賛成か、反対かを問えばよい。

登場人物二人の意見が対立している場合は、「Aさんの意見に賛成ですか、Bさんの意見に賛成ですか」と問うのがよい。

これは、討論になる。

子どもたちも、熱中して話し合う。

しかし、その一方で宇佐美寛氏は次のように述べる。

> 価値葛藤などというものは無い。無いものを有ると信じるのは迷信である。迷信に基づく授業が子どもに害をなすのは当然である。「価値葛藤」などという迷信は、教育界から追放すべきものである。
> 「宇佐美寛・問題意識集一二」宇佐美寛著　二四頁　明治図書

道徳的価値に、葛藤は生じないというのだ。

たとえば、「フィンガーボール」という有名な教材がある。

女王様のフィンガーボールの水を飲むという行為が正しいか、正しくないかを考えさせるのだが、本当にそれ以外の方法はなかったのか、という疑問が残る。

よって、意見対立型の授業では、「賛成」「反対」だけでなく、「この二つ以外に、別の方法はなかったのか」を考えさせる必要がある。

そして、この「別の方法」は、賛成・反対の討論をしている中で、子どもたちが見つけ出す。

子どもたちも、物語を読みながらも、自分の実体験をもとに考えている。「他に方法はないのか」と考えながら討論しているものである。

最後の一五分は、ＴＯＳＳ道徳のミニ授業と感想とする。

③　「絵はがきと切手」の授業プラン

（1）教材文を読み聞かせる

教材文を、最初から最後まで、ゆっくりと読み聞かせる。

（2）状況設定を確認する

発問一　お兄さんに相談したとき、お兄さんはどうするべきだと言いましたか。

◆友だちに、「切手の料金が足りなかった」ことを教えるべきだ。

発問二　お母さんに相談したとき、お母さんはどうするべきだと言いましたか。

◆お礼だけを伝えてあげればよい。

◆料金が足りなかったことは、言わない方がよい。

「意見対立型」の授業では、対立する二つの意見が出てくる。

状況設定では、対立する二つの意見を、子どもたちと確認しておく必要がある。

(3)主発問をする

発問三　お兄さんとお母さん、あなたはどちらの意見に賛成ですか。

立場を決めて、ノートに意見を書かせる。

【お兄さんに賛成派】

◆友だちが切手の料金を間違えたのだから、間違えた分は友だちが支払うのが当然だ。

◆友だちが払わなければ、自分が損をする。

【お母さんに賛成派】

◆お金を支払ってくれ、と言うと友情がダメになるかもしれない。友情がダメになるぐらいなら、黙っておいた方がよい。
◆お金よりも、友情が大切だ。
一〇分程度討論させたあと、もう一歩突っ込んで考えさせる。

発問四　お兄さんもお母さんも納得できる、別の方法はありませんか。

お隣近所の友だちと相談させる。
友だちと相談させることで、思いつかなかった考えが思い浮かぶことがある。
◆次に友だちと会ったときに、「この間、足りなかったぞ」と笑顔で伝えるだけにする。
◆「ごめんね」と一言添えて、お金が足りなかったことを伝える。
◆金額が大きければ伝える。切手代ぐらいなら伝えない。
子どもたちなりに、友だちを傷つけない方法を考える。

（4）TOSS道徳ミニ授業を行う

「やさしいうそ」（津田泰至氏実践）を、ミニ授業化する。

語り一　島田洋七さんという芸人さんがいます。幼いころは、とても貧しい生活をしていたそうです。二年生の運動会。周りの友だちは豪華なお弁当を持ってくる中、島田さんのお弁当は日の丸弁当。一人で食べていると、担任の先生が来て「おなかが痛いから、弁当を交換してくれ」と言われました。島田さんは、日の丸弁当と先生の豪華な弁当を交換しました。

次の年も、その次の年も、担任の先生は「おなかが痛い」と言ってお弁当を交換しに来たのです。

発問五　担任の先生は、本当におなかが痛かったのですか。

挙手で確認する。
多くの子どもたちが、「痛かったわけではない」と答える。

発問六　先生は、おなかが痛いと嘘をついて、島田さんのお弁当と交換したのです。
「そのお弁当ではかわいそうだから、交換しよう」と本当のことを伝えた方がよかったと思いますか。

これも挙手で確認する。言わない方がよい、と答える子が多数を占めるだろう。

語り二　東日本大震災が起こったとき、自衛隊が派遣されました。隊員は自分の判断で支援物資を持っていくことは禁止されていました。ところが、隊員のカバンの中を見てみると、赤ちゃん用の粉ミルクが次々と出てきたのです。当時、被災のショックで、母乳が出なくなったお母さんがたくさんいたのです。
上官は、「この粉ミルクはお前が飲むのか！」と厳しく問いただしました。

発問七　隊員は、何と答えたと思いますか。

◆はい、自分が飲みます。

発問八　みな口をそろえて、「はい、私が飲みます」と答えたそうです。
このとき、自衛隊員は本当のことを言った方がよかったと思いますか。

「本当のことを言わない方がよい」と答える子が多い。

語り三　もちろん、嘘がいいわけではありません。でも、「嘘も方便」ということわざがあるように、時と場合によっては、本当のことを言わない方がよい場合もあります。
本当のことを言った方がよいのか、言わない方が相手を傷つけないのか、考えることも大切なのです。

(5) 感想を書かせる

五分間、ノートに感想を書かせる。四年生以上ならば、ノート一ページ以上書くように指示する。

(三) 初志貫徹型

①　教材の特徴

主人公の気持ちが、最初から最後まで変わらないタイプの教材である。

「ロングシュート」（日本文教出版六年）という教材がある。


【あらすじ】

主人公のヒサシは、バスケットボールチームに入っている。六年生になり、最後の大会にかける思いは強かった。

ある日、コーチに呼ばれたヒサシは、得点力を上げるためにシューターに指名される。ロングシュートの練習を一生懸命取り組むヒサシだが、なかなか上達しない。もう無理だと思ったヒサシは、練習を休んでしまう。

久しぶりに練習に行くとチームメイトのリョウタが苦手な左手ドリブルの練習をしていた。ヒサシはリョウタから「マイケルジョーダン選手の話」が掲載された雑誌を見せられる。この話を読んだヒサシは、再び一生懸命練習に取り組むようになる。


「内面変化型」と違い、主人公は最初から道徳的に良い行動をしようと決意している。

しかし、何らかの理由で、その気持ちが揺らぎ始める。

その後、主人公に事件が起こり、最終的には最初に決意した行動をやり通す。

最初と最後の行動規範が同じであることが、この教材のポイントである。

授業がもっとも組み立てにくいタイプの教材である。

【「初志貫徹型」の教材を見分けるポイント】
①　主人公は、最初から道徳的に良い行動をしようと考えている
②　事件が起こり、どうするか迷うが、最終的には良い行動をやり通す

②　「初志貫徹型」の授業プラン

【「初志貫徹型」授業の基本型】
（1）教材文を読み聞かせる
↓
（2）状況設定を確認する（登場人物、場面、何が起こったのか、など）
↓
（3）主発問をする

あなたなら、○○さんのような行動（考え方）ができますか。

できるとすれば、なぜですか。また、できないとすれば、なぜですか。　※注2（p54）

※ノートに意見を書かせ、発言させる
↓
（4）ＴＯＳＳ道徳ミニ授業を行う

（5）感想を書かせる　←

初志貫徹型が、もっとも授業しにくい。
なぜなら、大きな変化がない資料が多いからである。
石坂氏は、「自分にそのような生き方ができるかどうか」を問うという。
これならば、どの子も考えることが可能である。
そして、その理由を問う。
「できない」と言う子がいるだろう。
この意見に対して「そんなこと言うもんじゃない」と否定しない。
このような意見を、力のある資料で変えていく。
ＴＯＳＳ道徳ミニ授業は、マイナスの考えを覆すために使うのだ。

③　「ロングシュート」の授業プラン

（1）教材文を読み聞かせる

教材を最後まで、ゆっくりと読み聞かせる。

（2）状況設定を確認する

ヒサシのチーム状況などは、子どもとの問答で確認する。

発問一　ヒサシがシューターになることを決意した理由は何ですか。

◆ロングシュートが得意だったから。
◆自分がうまくなれば、優勝できると思ったから。

発問二　練習試合で、ロングシュートを外して試合に負けたヒサシは、どうなりましたか。

◆もう無理だと思った。
◆いやになって、一週間練習を休んだ。

発問三　ヒサシが再びロングシュートの練習を始めたのは、何があったからですか。

◆リョウタが、苦手な左手のドリブルを必死で練習していたから。
◆マイケルジョーダン選手の話を読んだから。

(3) 主発問をする

発問四　あなたは、ヒサシさんのようにどれだけ練習してもうまくいかないことが続いたとき、あきらめずに最後まで練習し続けることができますか。

できる、できないの立場を明確にさせ、ノートに意見を書かせる。

【できる派】

◆努力すれば、必ずできるようになると信じて練習する。

◆あきらめたら、優勝できなくなるから、最後までやり通す。

◆ヒサシさんと一緒で、途中で挫折するかもしれないけど、最後までやりきろうと思う。

【できない派】

◆努力しても結果が出なければ、あきらめてしまうと思う。

◆自分がシュートを外して負けたら、責任を感じてしまうので、休んでしまうかもしれない。

◆よほど強い気持ちを持っていなければ、たぶんあきらめてしまうと思う。

途中で、討論のようになった場合は、そのまま討論させる。

(4)　TOSS道徳ミニ授業を行う

「努力のツボ」の話を読み聞かせる。

語り一　みなさんが何か始めようとか、今までできなかったことをやろうと思った時に、神様から「努力のつぼ」というつぼをもらうのだそうです。そのつぼは、いろいろな大きさがあって人によって違います。

みんながそのつぼの中に一生懸命「努力」を入れていくと、それが少しずつたまって、いつか「努力」があふれるときがきます。努力があふれたとき、それはできなかったことができるようになるのです。だから休まずにつぼの中に努力を入れていけば、いつか必ずできる時がくるのです。

でも、自分はこんなにがんばっているのに、なぜ結果が出ないのかと思う時があるでしょう。それはね、努力のつぼの大きさが分からないから、努力をどれだけ続ければいいか分からないからです。あと一日努力すればできるようになる、そんなふうに分かればいいのですが、それは分かりません。ですから、あきらめずに、努力を続けることです。

努力し続けた分は、間違いなくそのつぼにたまっています。少しずつですが、確実にたまっているのです。ですから、あきらめずにつぼの中に努力を入れていきましょう。

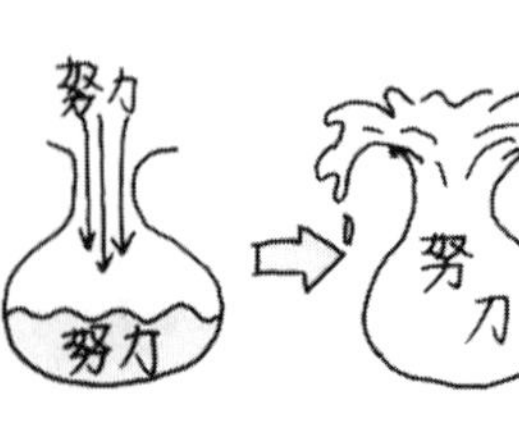

(5) 感想を書かせる

ノートに感想を書かせる。

(四) 偉人の生き方型

① 教材の特徴

今回の道徳の教科書には、「偉人」を扱った資料が多数掲載されている。
たとえば、「杉原千畝」を扱った教材がある。

> 【あらすじ】
> 第二次世界大戦中、ヨーロッパではヒトラーがユダヤ人を差別し、ひどい行いをしていた。ユダヤ人は安全な国に逃げようとするが、そのためには日本を通る以外に方法がなかった。

当時、リトアニア領事館に勤めていた杉原千畝は、毎日のように「日本を通過する許可を出してほしい」と押し寄せるユダヤ人のために、日本政府に許可を出すように頼むが、ドイツと同盟を組んでいた日本政府は許可を出さなかった。

千畝は悩んだ結果、自分の判断で許可を出すことを決める。日本政府の命令に従わず、一ヶ月間ビザを書き続けた。

こうして、六千人のユダヤ人の命が救われた。


実在の人物の生き方、言葉には力がある。

杉原千畝だけではない。

手塚治虫、伊能忠敬、マザーテレサ、ナイチンゲール。

大谷翔平、やなせたかし、国枝慎吾、鈴木明子。

その生き方を後世に残した人物の場合もあれば、現在まさに活躍している人物もいる。

共通しているのは、「成功者」である。

どのような行動をすれば、夢は叶うのか。

どのような生き方をすれば、人として成功するのか。

その行動や考え、生き方を読み物資料として掲載している。

また、「エルトゥールル号事件」など、実際に起こった事件も教材として掲載されている。

それら事件から得た教訓は、日本人として学ぶべきことが多い。

ぜひ、授業しておきたい教材群である。

【「偉人の生き方型」の教材を見分けるポイント】
① 実在の人物、歴史上の偉人、実際に起こった事件が、タイトルになっている
② 実在の人物の生き方、手紙などが教材化されている

②「偉人の生き方型」の授業プラン

【「偉人の生き方型」授業の基本型】
（1）教材文を読み聞かせ、感想を書かせる
↓
（2）主発問を行う
↓
（3）再度、感想を書かせる

「偉人の生き方型」に、発問はなくてもよい。

偉人の生き方は、成功哲学である。

その成功哲学は、読み聞かせるだけで子どもの心にズシンと響く。

教材に力があるときは、余計なことはしない方がよい。

教材文を読み聞かせて、感想を書かせるだけでよい。

また、この教材を扱ったＴＯＳＳ道徳の授業があれば、その授業を代わりに行うことも可能だ。

教科書教材を扱った「ＴＯＳＳ道徳の授業群」の開発も必要である。

③　「杉原千畝（命のビザ）」の授業プラン

（1）資料を読み聞かせる

この教材の場合、杉原千畝の行動を考えさせたい。

そのためには、すべてを読み聞かせず、途中で区切るのが効果的である。

「人としてユダヤ人の渡航を許可するか、日本政府の指示通り渡航を許可しないかで悩む」ところまでを読み聞かせる。

（2）主発問を行う

> 発問一　もしあなたが杉原さんの立場ならば、ユダヤ人の渡航を許可しますか、許可しませんか。

どちらの立場かを明確にし、ノートに意見を書かせる。

【許可する派】

◆人種は違っても、人の命を救うのは当然。

◆たとえ規則を破ってでも、人の命は助けた方がよい。

◆命よりも大切なものはない。

【許可しない派】

◆規則は守らなければならない。

◆人としてはおかしいけれど、戦争していた当時だから規則を優先しなければ自分の命も危ない。

対立する二つの意見なので、討論になる可能性もある。
討論になったならば、そのまま討論させる。

(3) 話の続きを読み聞かせる

教科書の続きの話を読み聞かせる。
余計な情報は挟まない。教科書をそのまま読み聞かせればよい。

(4) 感想を書かせる

ノートに一ページ以上感想を書かせる。

(五) ルール・マナー型

① 教材の特徴

人間として守らなければならないルールやマナーがある。
最近は、このような規範意識が低下している。
授業中にトイレに平気で行く。
人を殴っても「ごめんなさい」と謝ることができない。
人に迷惑をかけても平気な顔をしている。
規範意識の低下は、家庭・地域の教育力の低下が原因である可能性が高い。
しかし、家庭や地域に責任を問うたところで、何も変わらない。
ならば、学校教育の中で、特に道徳の授業の中で規範意識を教える必要がある。
しつけられていない子を前に、教師は何をすべきか。

ルールやマナーを、徹底して教え込む。
そして、教え込むなら、年齢が小さいときの方がよい。　※注3（p56）

中学生になってから教えようとしても、手遅れである。
一・二年の教材に、ルールやマナーを扱った教材が多いのには理由があるのだ。

【「ルール・マナー型」の教材のポイント】
①　学校や社会のルール・マナーを取り上げている
②　一・二年生の教科書で多く扱われている

②「ルール・マナー型」の授業プラン

【「ルール・マナー型」授業の基本型】
（1）教材文を読み聞かせる
↓
（2）体験させる
①実際に練習させる（靴を並べる、朝のあいさつをする、など）
②ロールプレイ（優しく声をかける、仲間に入れる、など）
↓

（3）ＴＯＳＳ道徳ミニ授業を行う
↓
（4）感想を書かせる

「ルール・マナー」は、徹底して教え込む。

これが基本である。

ならば、教科書教材の中身について、話し合う必要はない。

授業の最初に読み聞かせたあと、正しいスキルを教えればよい。

「人と会ったら、あいさつをするんだよ」

「相手を泣かしてしまったときは、わざとでなくてもごめんなさいを言おうね」

「順番は守ろうね」

このような人としての生き方スキルを、一つ一つ教えていく。

ただ、教えただけでは定着しない。

授業の中で、「体験」させなければならない。

あいさつの仕方や謝り方は、手本を見せて、その通りに練習させる。

順番を守ることは、その場面を再現し、ロールプレイで教える。

このような「体験」を通して、子どもたちはスキルを身につけていく。

座学だけでは、スキルは身につかない。

五　向山洋一氏の「エピソード紹介型」の道徳授業

向山洋一氏の「エピソード紹介型」の授業がある。
五年生に対して行われた授業で、流れは以下の通りである。

（1）「次の①〜⑦の言葉はある一人の人物が本当に言った言葉ですが、どんな人か想像しなさい」と指示する。

（2）七つのエピソードを読み聞かせる。

①「ぼくはたし算は得意じゃないし、ひき算ならまあね…」

②（大失敗の時は）「もうなんでこんなにバカに生まれたんだろう。そのたった一事がどうして気づかなかったんだろうと思いました。」

③「ぼくが本当に成功した例は二回ぐらいですね。失敗した例は、大きな失敗は三回ぐらいかな。だけど小さい失敗はしょっちゅうしています。だから失敗に慣れちゃって、失敗なんかへとも思わなくなりました」

④「だいたい、予測の速いやつってのは伸びないね。聞いてね、『わからん』と考え出してね、一週間ぐらいして『わかりました』って、やってくるやつの方が将来伸びるね」

⑤「ぼくは幸か不幸か生まれつき鈍だから…鈍才肌なんだ」

⑥ぼくはね、学生の時からそんなに成績も良くなかったし、一番ビリッけつでもなかったけど、ぜったい上の方でもなかったんだよね。いつもまん中よりちょっと上ぐらいの所だよ」

⑦「ぼくなんか、田舎の高校を出て、大学にビリぐらいで入ったわけですよ」

（3）子どもたちに、どんな人か予想させる。

向山氏が紹介したのは、広中平祐氏（数学者・ハーバード大学教授・京都大学教授）である。

実在の人物のエピソードなので、読むだけで子どもの心に響く。

向山氏は、余計な発問をしていない。

最初に、「どんな人か予想せよ」と指示を出しただけで、余計なことは何も言わない。

教材の持っている力だけで十分なのだ。

向山氏の「エピソード紹介型」の授業は、転用可能である。

様々な人物を取り上げ、エピソードを用意し、子どもたちに語り伝える。

このような授業も、取り入れたい。


以上の「教科書教材五つのパターン」と向山洋一氏の「エピソード紹介型」をあわせた六つの授業パターンに、ＴＯＳＳランドや新法則化シリーズの授業をそのまま追試するパターンを加えた七つの授業パターンがあれば、「特別の教科　道徳」の授業を網羅することができるはずだ。

（注1）谷和樹氏が、二〇一七年九月に行われた「谷討論セミナー」で提案された発問である。
（注2）石坂陽氏が、二〇一七年六月に行われた「教師力向上セミナー」で提案された発問である。
（注3）一九九三年の法則化本合宿で、向山洋一氏が提案された。向山氏は「私はとりわけ小さい時には、年齢が小さい時には、人間としての生き方の原理・原則をきちんと教えるべきだと思っています」と述べている。

3 教科書を使って、対話型の道徳授業を組み立てる

一 「7 クラスのきまり（六年 日本文教出版）」の授業

日本文教出版六年に、「7 クラスのきまり」という教材がある。
この教材に、TOSS道徳のミニ授業を付け加えた授業を行った。
現在担任をしている四年生を対象に行った。

① 資料を読み聞かせる

ノートを開き、教材のタイトルを書かせた。
タイトルは、赤鉛筆で四角囲みをさせた。
早く書き終わった子には、「教科書を小さな声で読んでいなさい」と指示をした。
全員が書き終わった段階で、教材を読み聞かせた。

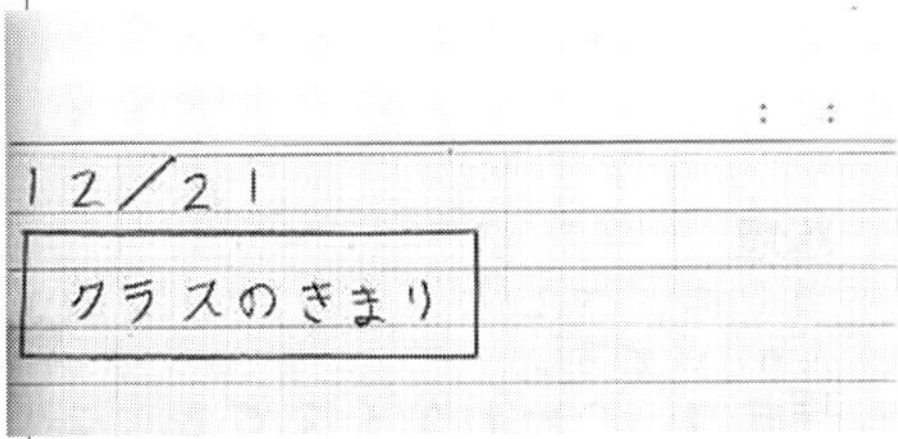

【あらすじ】
さとるさんのクラスで、学級会が開かれた。議題は学級のきまりである。
普段からつよしたちのグループがそうじをさぼっていたことに不満を持っていたさとるは、いっぱい言っ

てやろうと思っていた。

さとるは、「そうじをさぼっている人は、放課後居残りそうじをさせるのがよい」と提案をした。

クラスの中から、「それがいい」という拍手が起こる中、ひろみさんが「それじゃあ、かわいそう」という意見を出す。

「きちんとできない人には、罰を与えなくちゃいけない」と言うさとると、「罰のあるきまりなど必要ない」と言うひろみ。

さとるは、ひろみがなぜそんなに反対するのか、理解できなかった。


時間にして約三分。

子どもたちは、シーンとして聞いていた。

② **状況設定を確認する**

読み聞かせが終わったあと、簡単にいくつか聞いた。

> **発問一　さとるさんは、普段そうじをさぼっている子に対して、どうしろと言っているのですか。**

隣同士で相談させ、すぐに指名。

「罰を与えた方がいいと言っている」

長々やることではない。相談させて発表させるまで、三〇秒程度である。


そうじの時間に遊んでいる子に対して…

発問二　それに対して、ひろみさんは何と言っているのですか。

隣の子に言わせたあと、指名する。
自分の意見を聞いてもらうだけで、発表がしやすくなる。
「罰のあるきまりはいらないと言っている」
状況確認は、以上で終了である。
登場人物や何の話をしたのかなどは、こちらが簡単にまとめて話す。
余計なことは聞かない。聞けば聞くほど、授業が濁る。
シンプルに、必要なことだけを聞けばよい。

③　主発問をする

子どもたちに次のように聞いた。

発問三　さとるさんの意見に賛成ですか。ひろみさんの意見に賛成ですか。

ノートに意見を書かせた。
時間にして、五分程度。
意見の分布を確認した。

さとるさんの意見に賛成…一二名

ひろみさんの意見に賛成……　七名
分からない　　　　……　二名

1.2/21

クラスのきまり

ぼくは、さとるさんにさんせいです。理由は、ばつがないとちゃんと聞かないと思うからです。
たとえ、言葉だけだったら聞いてるだけで、またふつうに、さぼっていくと思います。
それに、ばつをつけないと、またさぼった時に、いのこりさせられることは、自分でもいやなのでやるようになると思うからです。

(例)またさぼったらさせればいい。

(先)先生に言う事はけっきょくばつと同じ。

(か)ばつをあたえてもこっそりぬけだしたりするかもしれない。

1.2/21

クラスのきまり

ひろみさんに、さんせいである。理由は、ばつをあたえなくても、先生に、言った方が、いいからです。それに、ほうかご、残って、そうじしても、さぼると思うからです。

の意見に反対です。理由は、ばつを当たえなくても、先生にいった方が、こうりつてきだからです。

の意見に反対です。理由は、ほうかごにさぼって、ばつになるのは、ちがうと思います。そうじをするのが、ばつなので、ばつでは、ないと思います。

④　討論を行う

まず、少数派のひろみさんの意見に賛成の子から発言させた。

【ひろみさんの意見に賛成派】

◆罰を与えるとかわいそうだから。
◆罰を与えなくても先生に言えばいいと思うし、そういう子は放課後そうじさせてもサボると思うから。
◆別に罰を与えなくても、その子に注意すればすむから。
◆先生に注意してもらえば、厳しい罰を与える必要はないから。

続けて、さとるさんの意見に賛成の子に発言させる。

◆そうじは学校のきまりだし、それをさぼるのはダメだと思う。だから罰を与える必要があると思う。

◆みんなが一生懸命そうじをしているのに、そうじをさぼるつよしはおかしいと思うし、やらないなら放課後にでもやらせないといけないから。

◆罰を与えないと、ちゃんとそうじをしている人がかわいそうだから。

◆罰を与えないとまた同じことをしてしまうだろうし、下級生もまねをするようになって、いいことがないから。

意見を言わせたときに、メモを取らせる。

発言している途中で、次のような指示を出す。

> メモを取っている人、手を挙げて。（挙手）エライ！
> 反論をしようと思っている人は、友だちの意見をノートにメモしなければ、いい討論にはなりません。

ここから、子どもたちの討論が加速する。

子どもたちの討論の様子である。

C1：Aさんの意見に質問です。また、つよしくんたちがさぼったらどうするのですか。「なんとなく他人事のように聞いている」つよしたちがやめるわけがないと思います。

C2：Bくんの意見に反対です。先生の言うことも聞かなかったらどうするのですか。

C3：Bくんは、「放課後そうじをしてもまたさぼる」と言っていました。その意見に反対です。別に、放課後にさぼってもいいと思います。居残りっていうのは自分にとっても辛いから、どっちにしても居残りは居残りだから、それだけでいいと思います。

C4：Bくんの意見に反対です。罰を与えなければ、結局またさぼるからです。

C5：Dさんの意見に反対です。優しくしても罰を与えないと守るようにはならないからです。

C6：Aさんの意見に反対です。「罰を与えられるのはかわいそう」と言っていましたが、自分たちがさぼったのだからかわいそうではないと思います。

C7：Bさんの意見に賛成です。なぜなら、罰を与えないとまたさぼってしまうだろうし、下級生に示しがつかないからです。

C8：Eさんの意見に反対です。さぼってもいいんだったら罰にならないから、罰をさせる必要はないということだから、ひろみさんに賛成になると思います。

C9：ぼくは、ひろみさんの意見に賛成に変わりました。なぜなら、罰を与えなくても、他の人が代わりにしてあげれば教室はきれいになるからです。

このような討論が、延々と続いた。

「そこまで」と言うまで約二〇分。

途切れることなく子どもたちが発言を続けた。

まさに、「主体的・対話的な深い学び」である。

⑤　TOSS道徳ミニ授業を行う

この段階で、残り時間一五分。

子どもたちに前を向かせて、一斉授業を行った。

> 発問四　この社会で安心して生活するためには、「ルール・きまり」が必要です。ルールやきまりを破るとどうなりますか。

◆罰を与えられる。

◆叱られる。

> 発問五　日本の中学生。たとえば、万引きをすると保護者が呼び出されて注意されます。じゃあ、イギリスやアメリカでは、どんな罰が与えられると思いますか。

◆警察に捕まる。

◆学校に来られなくなる。

◆罰金を支払う。

子どもたちは、外国のルールの厳しさを、思っている以上に知っていた。

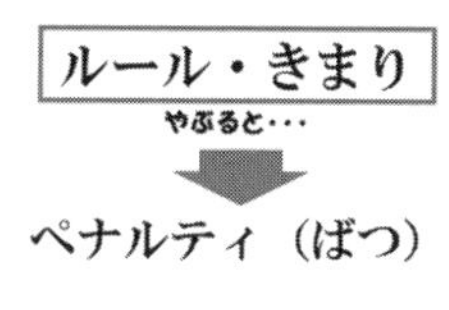

語り一　イギリスでは、たった一回で停学三日。アメリカでは、警察に通報までされます。他にも、大人と同じ法律で裁かれるようになる年齢は、日本が十六歳なのに対して、他の国では一〇歳くらいです。

子どもたちに感想を聞くと、「日本は甘い」「日本のルールって甘いなあ」という声が聞かれた。

発問六　このような甘い環境の中で育った日本人。大人になると、どうなるんだろう。たとえば、殺人。ロシアよりも多いですか、少ないですか。

子どもたちは、ほとんどの子が「少ない」に手を挙げた。
実際に、日本の殺人率は、他の国に比べて圧倒的に低い。

発問七　窃盗。ものを取っちゃう。これは、ロシアよりも多いですか、少ないですか。

意見は真っ二つに割れた。
一番少ないロシアと比べるから、意見が分かれる。
授業の組み立てである。
実際は、窃盗率も先進国の中でもっとも低い。

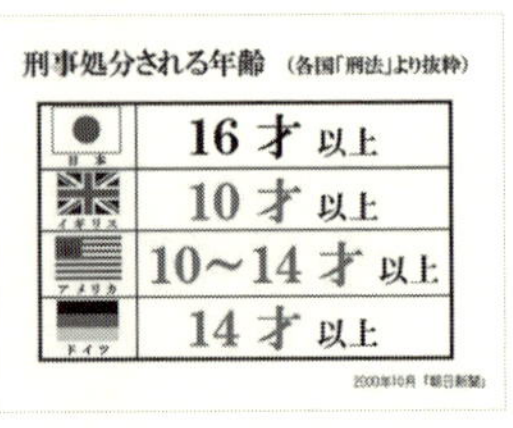
刑事処分される年齢（各国「刑法」より抜粋）

国	年齢
日本	16才以上
イギリス	10才以上
アメリカ	10～14才以上
ドイツ	14才以上

2000年10月『朝日新聞』

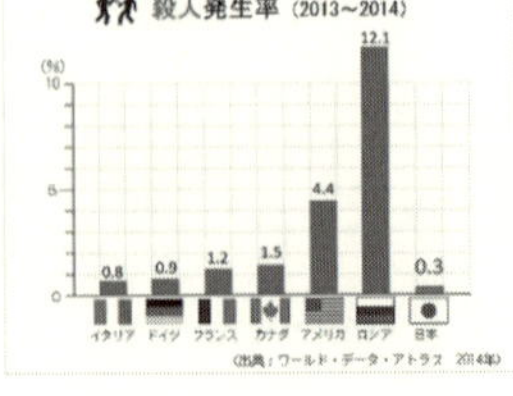

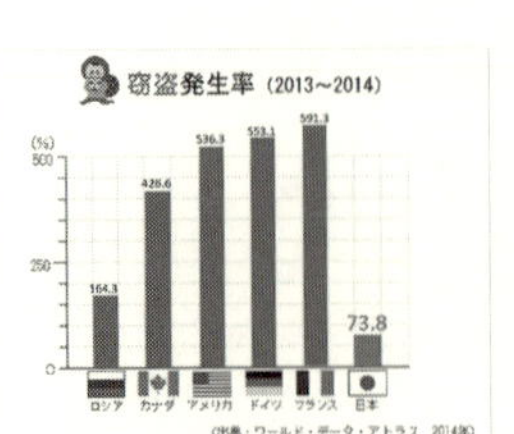

指示一　他の国の人々の言葉、読みます。

日本に来た外国人の多くは、日本人の素晴らしさを話す。
子どもたちのルールに対する概念が、少しずつ変わってくる。

発問八　日本人がこのようにルールを守るようになったのは、最近でしょうか。それとも昔からでしょうか。

全員が、「昔からだ」と答えた。

発問九　江戸時代。江戸には、百万人以上の人が暮らしていました。その百万人を守るのに、警察官は何人いたと思いますか。

比較として、ロンドンの警察官の数を出す。百万人に対して、二万人である。

◆一五人
◆二〇〇人

答えは、「三六人」である。
もちろん、アルバイトのような存在を入れると、もう少しいる。
しかし、現在の警察官と同じ立場の人は三六人である。

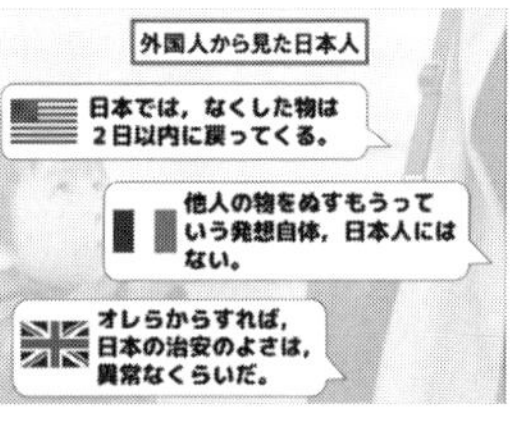

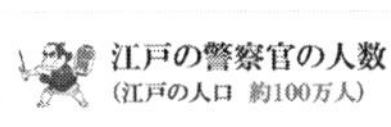

36 人

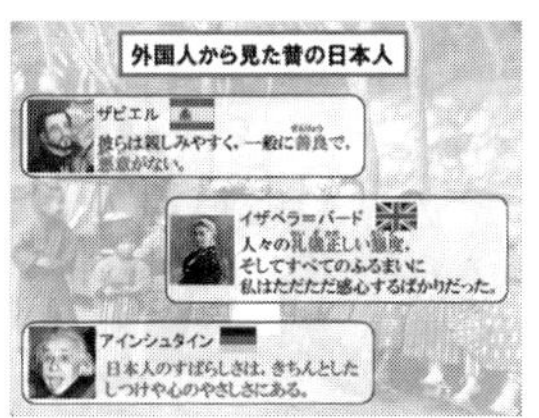

子どもたちからは、「えーっ」という声が上がった。

指示二　昔の外国人から見た、日本人。読みます。

ザビエル、イザベラ＝バード、アインシュタインの言葉を次々読む。

指示三　ある学者は、次のように言います。みんなで、さんはい。

下のコンテンツの言葉を読ませる。

（多民族国家では）
信頼心が弱いので，約束事を
条文化（ルール化）しておくことが必要なのです。

日本は単一民族で，信頼心が強いため，
条文化（ルール化）しなくとも約束を守り，
他人を思いやり，良心を大事にする
道徳心が自然に培われてきたのです。

「日本人が気づかない心のDNA」森田勇造

⑥　**感想を書かせる**

残り五分で、ノートに感想を書かせた。

感想は、「原則一ページ書きなさい」と言っている。もちろん、それに満たない子もいるが、ある程度書けていればよしとする。

この授業が終わった直後の、子どもたちの感想である。

◆ぼくは、さとるさんの意見に賛成です。
なぜなら、ばつを与えないとまた同じ事をし、下級生たちが見てしまったとすれば、まねしてしまい、学校の人が全体で悪くなると思う。

◆今日は、クラスのきまりという勉強をしました。
ぼくは、日本は、すごいと思いました。

わたしは、さとるさんの意見にさんせいです。なぜなら、きちんとルールを守っていかないと、下の学年の子がまねをするかもしれないので、わるい子にはばつを与えたらいいと思います。

わたしは、これからもっといい世界にしたいです。

◆ひろみさんの意見にさんせいしました。なぜなら、昔、日本は二〇年間で、だれもろうやに入ったことがない、と言っていたので、ばつをあたえなくても、注意で直ると思います。なぜなら日本は外国から見るとやさしい国と言われたり、落とし物をしても二日で返ってくると言っているので、ばつをせずに、ちゅういをしたらいいと思います。

◆ひろみさんの意見にさんせいに変わりました。

なぜなら、日本人は道徳心があるので、放っておけばいつかは自然にそうじすると思います。

いのこりそうじをさせていれば、そうじがきらいになり、もっとしないと思います。

◆ぼくは、さとるさんの意見にさんせいです。

理由は、平和な国でも、この（教材の）クラスは平和じゃないので、このクラスはばつはいると思います。たかしくんの意見にさんせいです。だって、その残っている人もいやと言っていたけど、先生に見てもらえばいい話だと思う。

二　授業を分析する

授業を行ったのは、十二月二十一日。

討論を何度も経験しており、ある程度自分たちで討論を仕切ることができる状態になっている。

そのことを踏まえて、授業を分析する。

この授業の時間配分は、次の通りである。

①資料の読み聞かせ……………………三分
②状況設定の確認……………………三分三〇秒
③主発問に対する意見を書く時間……四分
④討論…………………………………一八分三〇秒
⑤TOSS道徳ミニ授業……………一一分
⑥感想…………………………………五分

① 資料の読み聞かせ（三分）

資料は、ゆっくりと読み聞かせた。

その教材の雰囲気が感じられるように、教師がコントロールしながら、である。

「クラスのきまり」という教材は、資料そのものが短く、見開き二ページの教材である。

そのため、ゆっくりと読み聞かせても三分で終わっている。

多くの資料は、四ページあるので、もう少し時間がかかる。

五分は必要だろう。

② 状況設定の確認（三分三〇秒）

状況設定の確認には、逆に時間をかけない。

国語のように、登場人物などは問わず、「登場人物の考え」を確認すればよい。

三分程度で、リズムテンポよく確認していく。

「資料の読み聞かせ」「状況設定の確認」までを短い時間でやらなければ、討論を行ったあとにＴＯＳＳ道徳ミニ授業を入れることは難しくなる。

③　主発問に対する意見を書く時間（四分）

主発問を行い、ノートに意見を書かせる。
討論の場合は、自分の立場を決めさせてから、意見を書かせる。
四分間で、子どもたちはノートに半分程度の意見を書いている。
討論をするには、やや物足りない。
討論をするなら、「ノートに一ページ以上の意見を書く」ことが最低条件である。
ノート一ページ以上の意見を書かせるためには、少なくとも五分は必要だろう。

④　討論（一八分三〇秒）

私のクラスでは、討論の授業が延々と続く。
だから、「一五分間、討論しなさい」と討論の時間を示しておく。
最初に見通しを持たせておくから、子どもたちも一五分で終わろうとする。
この授業では、一八分三〇秒の討論を行っている。
この短い時間でも、子どもたちは討論を成立させることができる。
しかし、四月当初はこうはいかない。
それぞれの意見交換だけに終始するだろう。
私は、四月当初は、意見交換だけでもよいと思っている。

道徳、その他の教科で討論の授業をくり返し行っていれば、十月ごろには一五分間でも討論ができるようになる。

道徳の授業の中に、子ども同士が話し合ったり、討論したりする場面を意図的に作る。

毎時間、意図的に組み込むことで、子どもたちも安定した話し合い活動ができるようになる。

⑤ TOSS道徳ミニ授業（一一分）

TOSS道徳ミニ授業は、TOSSランドやTOSS道徳の関連本から選ぶ。

本来四五分で行っていた授業を、短くする。

短くするために枝葉の発問を削り、メインの発問だけにしたり、作文の読み聞かせや語りの部分だけを抽出したりする。

メインの発問も、意見をノートに書かせずに、隣の人と話し合う形にする。

TOSS道徳のエキスを、授業のまとめとして活用する。

一〇分程度あれば十分だろう。

⑥ 感想（五分）

感想を書く時間は、五分は確保したい。

討論では発言できないが、みんなの考えをよく聞いて考えをまとめている子がいる。

あまり発言しない子たちがどのような考えを持っているのかを知るためには、ノートに書かせることが不可欠である。

子どもたちには、「ノート一ページ分書きなさい」と指示を出す。

三年生以上ならば、五分間あればノート一ページの感想を書くことができる。
一、二年生は、ノート半分ぐらい書ければよいとする。

三　「道徳教科書を使った授業＋TOSS道徳ミニ授業」の時間配分の基本

以上の分析を踏まえると、この実践の時間配分の基本は次のようになる。

①　資料の読み聞かせ……………五分
②　状況設定の確認………………三分
③　主発問に対する意見を書く時間…五分
④　討論……………………………一五分
⑤　TOSS道徳ミニ授業………一〇分
⑥　感想……………………………五分
【トータル】四三分

二分の遊びの時間がある。
これで、四五分の授業としてはちょうどよい。
授業の開始が遅れたり、討論の時間が多少延びたりするからだ。
この時間配分で、授業を組み立てていく。

4 教材の五類型に基づく対話型の道徳授業づくり
～有名教材を「五つの授業パターン」で授業化する～

一　一・二年生の有名教材　授業プラン

（一）はしの上のおおかみ

【掲載教科書：日文（一年）、光村（一年）、東書（一年）、学図（一年）、学研（一年）、教出（一年）、光文（一年）、あかつき（一年）※注1（p127 p128）】

> 教材のタイプ：内面変化型
> 徳目：B-(6) 親切・思いやり
> TOSS道徳：「人にやさしくすると薬が出るんだよ」（平田千晶氏　実践）

【あらすじ】

一本橋があった。あるとき、うさぎが一本橋を渡ろうとすると、向こうからおおかみがやってきた。おおかみに「おれが先に渡るから戻れ」と言われ、うさぎは戻っていく。

おおかみはこのいじわるが面白くなり、他の動物が来ても追い返すようになる。

あるとき、大きなくまが渡ってきて、おおかみは自分が戻ろうとする。しかし、くまはおおかみを抱き上げて、後ろへ下ろしてあげた。
次の日、うさぎが戻ろうとすると、おおかみはくまと同じように抱き上げて、後ろに下ろしてあげた。おおかみは、前よりずっといい気分になった。

① 資料を読み聞かせる
教師が、ゆっくりと教材を読む。

② 状況設定を確認する

発問一　お話に出てきた動物は何かな。

「おおかみ」「くま」「うさぎ」「きつね」「たぬき」が出る。

発問二　おおかみは、最初にうさぎに何をしたかな。

「うさぎを追い返した」「うさぎに意地悪をした」などが出るだろう。

発問三　じゃあ、おおかみは最後までうさぎを追い返したの？

子どもから「違う、違う！」という声が上がるはずだ。

「最後は、うさぎを抱き上げて後ろに下ろしてあげた」という意見が出る。

状況を確認している中で、「おおかみは、こんなことしないよ」という意見が出るかもしれない。

岡山県・甲本卓司氏は、このような発言に対して、次のように切り返すという。

> このお話はね、人間の世界をたとえているんだよ。
> 学校で言うと、くまさんが六年生で、うさぎさんが一年生かもしれないね。おおかみさんが六年生かもしれないよ。クラスの中でも、おおかみさんやくまさん、うさぎさんがいるかもしれないね。

空想の世界と現実の世界を結びつける対応ができれば、子どもたちも納得する。

③　主発問を行う

> 発問四　おおかみはどこかで気持ちが変わったから、うさぎを後ろに下ろしてあげたんだよね。
> おおかみは、どの場面で気持ちが変わったのかな。

一年生なので、いきなりノートに書かせるのは難しい。

「隣のお友だちに、お話ししてごらん」と、話す活動から入り、その後ノートに書かせる。

「くまと出会ったところ」「くまに抱き上げられて、後ろへそっと下ろしてもらったところ」「くまの後ろ姿をいつまでも見ていたところ」などの意見が出る。

発問五　どうしてその場面だと思ったの？ わけをノートに書いてごらん。

理由を書かせ、発表させる。

◆くまと出会ったところで、おおかみはこわいと思って気持ちが変わったと思う。
◆くまと出会ったときはただこわかっただけで、自分がやってもらったからうさぎさんにも優しくしようと思った。
◆後ろに下ろしてもらったときに、「自分もうさぎさんに優しくしてあげよう」と思った。

一年生なので、すべての意見を認めていく。

④　ロールプレイを行う

道徳のロールプレイで大切なことは、次のことである。

全員が、「良い行動」と「良くない行動」の両方を体験する

良い行動だけでは、気持ちの変化は分からない。良くない行動と対比することで、初めてイメージできるようになる。

私は、ロールプレイをさせるときは、「グループ」で行う。
生活班で、おおかみ役とうさぎ役を決めて、最初と最後のおおかみの行動をロールプレイさせる。
終わったら、また別の子がロールプレイする。

グループごとなので、一〇分あれば全員が体験できる。

ロールプレイ終了後、感想を発表させる。

⑤ TOSS道徳ミニ授業を行う

語り一　みんながお友だちにいじわるをしたり、悲しむようなことをしたりすると、脳の中からものすごい毒が出るんだよ。この毒っていうのはね、ヘビの毒の次に強い毒だって言われているの。毒が体の中に少しずつ溜まっていって、体に悪さをする。もしかしたら、早く死んじゃうかもしれない。

（いやだ〜）

でもね、人間の体は不思議で、友だちに優しくしたり、いいことをいっぱいすると、逆に薬が出るようになってるの。この薬がたくさん出ると、体が元気になっていくんだよ。みんなは薬と毒、どちらをいっぱい出したいかな？（薬！）


このあと、石原亜紀さんの作文「ななちゃんのこと」を読む。

「手なし人間しわくちゃんと言った男の子は、どっちが出ていますか？」――「毒！」

「石原さんは、どっちが出ていますか？」――「薬！」

⑥ 感想を書く
最後の五分間で、ノートに感想を書かせる。

（二）あいさつ【掲載教科書：日文（一年）】

教材のタイプ：ルール・マナー型
徳目：B-（8）礼儀
TOSS道徳：「笑顔であいさつ！」（小林正樹氏　実践）

【あらすじ】
この教材には、あらすじがない。教科書には、四つの絵がある。「校門で先生が立っているところに入ってくる場面」「職員室に入る場面」「学校帰りに地域の人に出会う場面」「夜寝る前にお家の人にあいさつしている場面」である。次のページには「あいさつランド」という正しいあいさつを選びながらゴールを目指す迷路がついている。

一年生の一学期教材には、このような絵だけの教材がいくつかある。まだ、文字を読めない子がいることへの配慮だろう。この絵だけの教材を、次のように授業する。

①　資料を見せて、体験させる

教科書を開かせる。

子どもたちは絵を見た瞬間、いろいろとお話を始めるだろう。

指示一　絵を見て気づいたことや思ったことを、近くのお友だちとおしゃべりしてごらん。

子どもたちは、絵を見ておしゃべりを始める。
この自由なおしゃべりの時間が大切である。
自由なおしゃべりをしている中で、子どもたちは状況を理解する。
三分程度自由におしゃべりをさせたあと、右上の絵に指をおかせる。

発問二　朝、学校に来ました。先生が立っています。先生に、何と言ってあいさつをしますか。

◆おはようございます。
◆よろしくお願いします。
すべての意見を認めていく。

指示二　朝、先生に会ったときは「おはようございます」と言います。みんなでやってみましょう。

実際に、教師に対して「おはようございます」とあいさつをさせる。
男女別→クラスを半分に分けて→グループごとに、など、くり返し体験させる。

②　残りの三つの絵の場面を扱う

次にどの絵を扱うのか。

子どもたちにとって分かりやすい状況であり、その場でどのようなあいさつをすればよいか、一目で分かるものを選択する。

私は、次の順で絵を扱う。

夜寝る前にお家の人にあいさつしている場面 ↓ 学校帰りに地域の人に出会う場面 ↓ 職員室に入る場面

朝の場面と同じように、どのようなあいさつをするかを確認し、その練習をさせる。

ルール・マナー型は、体験させることが極めて重要なのだ。

③　迷路を使って、様々なあいさつを教える

次のページの「あいさつランド」も扱う。

この迷路を、単なる遊びではなく、学習にしたい。

そこで、次のように扱う。

絵にあったあいさつを選択する
　↓
正しければ、お隣同士であいさつの練習を一回ずつする
　↓
次に進む。それをくり返す

遊びの中に練習を組み込むことで、きちんとした学習となる。

④　ＴＯＳＳ道徳ミニ授業を行う

発問二　友だちに好かれるためには、何をすればいいと思いますか。

◆友だちに優しくする。
◆友だちの悪口を言わない。
◆遊びのときに、仲間に入れてあげる。
◆落ちたものを拾ってあげる。
◆一緒にお話する。

語り一　デール・カーネギーさんっていう有名な人が書いた本の中に、「人から好かれる方法」というもの

がありました。六つあります。紹介しますね。
①　うけ入れる
②　笑顔
③　名前をおぼえる
④　聞き手となる
⑤　相手の心を読む
⑥　ほめる
あいさつで使えるのは、②の笑顔ですね。笑顔であいさつをしてみましょう。


笑顔であいさつする練習をする。

全体で練習したあと、個別評定を行う。

笑顔で、大きな声であいさつができた子を「一〇点」とし、一〇点の子の真似をさせる。

全員が笑顔であいさつができるようになる。

（三）**金のおの**【掲載教科書：日文（二年）、東書（二年）、学研（一年）、光文（一年）、あかつき（一年）】

教材のタイプ：初志貫徹型
徳目：A-（2）正直・誠実
ＴＯＳＳ道徳：「うそはつきません」（山口正仁氏　実践）

【あらすじ】

池の近くで木を切っていた木こりが、手をすべらせておのを池に落としてしまう。困っている木こりの前に神様が出てきて、「おまえが落としたおのは、この金のおのか」と聞く。きこりは正直にそれではないと答える。神様は、次に銀のおのを持ってきてたずねるが、木こりはそれでもないと正直に言う。三度目に、鉄のおのを持って現れた神様に、「それが自分のおのです」と伝えると、神様は木こりに金のおのと銀のおのもくれる。

そのうわさをきいた隣の木こりは、わざとおのを落とし、金のおのを持って出てきた神様に「それが私のおのです」と伝えると、神様は悲しい顔をして池に消えてしまう。

① **資料を読み聞かせる**
教師が、ゆっくりと教材を読み聞かせる。

② **状況設定を確認する**
状況設定を、リズムテンポよく確認していく。

発問一　最初の木こりは、神様が金のおのを持って出てきたときに、何と答えましたか。

◆「そんなりっぱなおのではありません」

発問二　次に、神様が銀のおのを持って出てきたとき、木こりは何と言いましたか。

◆「違います。それも私のおのではありません。」

発問三　神様が、木こりに金のおのも銀のおのもくれた理由は何だと思いますか。

◆嘘をつかなかったから。
◆正直に自分のおのが鉄のおのだと言ったから。
◆木こりが正直に言ったから。
後半の欲張りな木こりと対比させると分かりやすい。
ここは、全員に答えさせる必要はない。
お隣さんと相談させて、三～四名に指名し、確認する。

③　主発問を行う

発問四　みなさんは、この木こりのように自分に得なことがあっても、正直にお話することができますか。

できるか、できないかを確認し、ノートに理由を書かせる。

【できる派】

◆得なことがあっても、正直に言わなければいけないから。
◆正直にしようと思えば、できるはずだから。
◆嘘をついていいものをもらうよりも、正直に話をした方が気持ちいいから。
【できない派】
◆得なことがあったら、つい嘘をついてしまうかもしれないから。
◆自分に得なことがあれば、嘘をつくのも仕方ない。
◆正直に言ったとしても、いいことがないから。
この場面は、討論する必要はない。
指名なし発表で、全員に意見を発表させる。

④　TOSS道徳ミニ授業を行う

発問五　みんなが、普段の生活の中で嘘をついたり、ごまかしたりすると、どんなよくないことが起こると思いますか。

◆先生に叱られる。
◆お家の人に叱られる。
◆嘘つきになってしまう。

語り一　人間は、誰も見ていないと思うから嘘をついちゃうんだよね。でもね、必ず二人が見ている。一人

は神様。神様だけはみんなが嘘をついてもすぐに分かる。ちゃんとみんなのことを見ている。もう一人は誰だと思う？（分かんないー）それは、自分自身です。どんなに嘘をついても、自分自身には嘘はつけない。嘘をつくと、脳みそから体に悪い薬が出てくるんだって。それでも嘘をついたり、ごまかしたりしますか？

子どもたちは「嘘はつかない、ごまかさない」というだろう。
最後に、イソップ童話の「いたずらをする羊飼い」のお話を読み聞かせる。

語り二　羊飼いの男の子がいました。退屈なので、村の人をだまそうと考え、「狼が来たぞー。羊が食べられるー」と大声で言いました。その声を聞いて村人が助けに来ましたが、「はっはっはっ、本気にしてやんの。嘘だよ」と言いました。羊飼いの男の子は、あまりに面白かったので、何度も何度もくり返しました。

発問六　さて、このあと羊飼いの男の子はどうなったと思いますか。

◆本当に狼が来たときに、助けてもらえなかった。
◆村の人に叱られた。
◆誰からも相手にされなくなった。

語り三　ある日、本当に狼がやってきました。「狼だ！」と言っても、誰も信じてくれません。結局、飼っていた羊は全部食べられてしまいました。
嘘をついたり、ごまかしたりすると、誰からも信じてもらえなくなりますよ。

⑤　感想を書く
授業の感想を、ノートに書かせる。

（四）ありときりぎりす【掲載教科書：学図（二年）】

教材のタイプ：意見対立型
徳目：C－(12) 勤労・公共の精神
TOSS道徳：「地獄も極楽も同じ？」（高山佳己氏　実践）

【あらすじ】

夏の暑い日、ありがせっせと食べ物を運んでいると、きりぎりすが「遊んだ方が楽しいよ」と声をかける。ありは「冬になると食べ物がなくなるから、今のうちに食べ物を集めておいた方がいいよ」と言うが、きりぎりすは耳を貸さずに遊び続けた。

冬になり、遊びほうけていたきりぎりすは食べ物がなくなり、困り果ててありの家にやってくる。きりぎりすは食べ物を分けてもらえるように頼むが、ありは「自分の家族の分しか食べ物はないから申し訳ないけど君にあげる食べ物はないんだ」と言って扉を閉めてしまう。きりぎりすは腹をすかせてそのまま死んでしまう。

① **資料を読み聞かせる**

この資料は一気に読まない方がよい。

「きりぎりすが、ありの家までやってきて、『食べ物を分けてほしい』と言った」ところまで読み聞かせる。

② **状況設定を確認する**

読み聞かせを止めたところで、次のように問う。

発問一　このあと、ありさんは食べ物を分けてあげたと思いますか。

手を挙げさせて、確認する。

確認したあと、続きのお話を読む。

食べ物を分けてあげずに追い返し、その結果きりぎりすが死んでしまうことに子どもたちは驚く。

発問二　ありがきりぎりすを追い返した理由は何ですか。

◆自分の家族の分だけしか食料がなかったから。
◆きりぎりすが言うことを聞かずに遊んでいたから。
ありにも、正当な理由があることを確認しておくから、子どもたちの中に葛藤が生まれる。

③　主発問を行う

発問三　ありの「食べ物を分けてあげない」という行動に賛成ですか、反対ですか。

意見が真っ二つに分かれる。

【賛成派】
◆夏の間に食べ物を集めていなかったきりぎりすが悪い。
◆きりぎりすは食べ物をもらえなくても仕方ない。自分が悪い。
◆夏はさんざん遊んでおいて、食べ物がなくなったら助けてほしいというのはおかしい。

【反対派】
◆食べ物を分けてあげないのはかわいそう。
◆きりぎりすが死なないように、少しだけ分けてあげればいい。
◆たとえ悪いことをしても、死ぬまで放っておくのはよくない。

二年生なので、自由に討論させることは難しい。
そこで、教室を半分に分け、賛成派と反対派をそれぞれ集める。

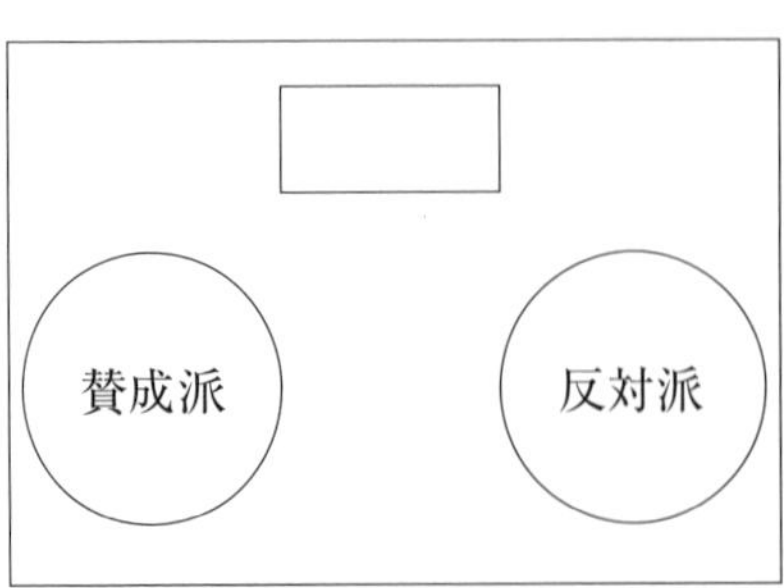

同じ意見の子どもたちを集めることで、その場で意見の交流が生まれる。発言のさせ方にも、工夫が必要である。

賛成派と反対派に、交互に意見を言わせる

賛成派が意見を言ったら、次は反対派が意見を言う。

このようにすれば、片方の意見に偏ったり、発言力の強い子だけが発言することもない。ある程度討論が進んだところで、もう一歩突っ込む。

発問四　もし、これが人間の話だとすれば、食べ物を分けてあげますか、分けてあげませんか。

子どもたちは、さらに葛藤する。虫だから、と考えていた子たちの脳もフル回転する。

④　TOSS道徳ミニ授業を行う

語り一　みんな、死んだら天国か地獄に行くって知ってるでしょ。地獄のお話からします。地獄でもご飯があってね、まん中のテーブルにはたくさんのごちそうが置いてある。その周りには鉄の柵があって中には入れない。その柵の周りから、長い箸を使って取って食べるんだ。何か、困ったことがない？（うまく食べられない）そう、ここでつまっちゃって、うまく食べられない。だから、地獄では「なんで食べられないんだ！」「おなかがすいた！」とみんな怒っているんだ。

では、天国ではどうでしょう。天国でも、まん中にテーブルがあって、たくさんのごちそうがおいてあります。その周りには地獄と同じような鉄の柵があって、柵の周りから長い箸を使って、食べ物を取ります。でも、天国の人たちは「おいしいね、おいしいね」とニコニコしながら食べています。

発問五　同じ料理、同じ柵、同じ箸。なのに、どうしてこんなに違うのでしょう。

◆食べなくても大丈夫だった。
◆前の人に食べさせてあげていた。

語り二　天国では、食べ物を取ってあげて、前の人や隣の人に食べさせてあげていたのです。天国の人たちは、自分のことではなく、他の人のことを考えていたから、ニコニコしていられたんだね。「人のことを考える」ということは、とっても大切なことなんだ。

⑤　感想を書かせる

二　三・四年生の有名教材　授業プラン

（一）ブラッドレーのせい求書【掲載教科書：光村（四年）、東書（四年）、学図（三年）、教出（四年）、あかつき（三年）】

教材のタイプ：内面変化型
徳目：C-(14) 家族愛・家庭生活の充実
TOSS道徳：「えとせとら」No．165　向山洋一年齢別実践記録集一〇（向山洋一氏 実践）

【あらすじ】

ブラッドレーは、ある日お母さんにせい求書を渡す。そのせい求書には、「おつかいに行った代…一ドル」「お手伝いをした代…二ドル」などと書かれていた。

お母さんは驚くが、その日のお昼に、ブラッドレーに四ドルを渡す。ブラッドレーはうまくいったと喜ぶが、その横にお母さんからのせい求書が置かれていた。そのせい求書には、「看病してあげた代…0ドル」「親切にしてあげた代…0ドル」など、合計0ドルと書かれていた。

そのせい求書を見たブラッドレーは、自分の行動を反省し、「ぼくもお母さんのために何かさせてください」と言った。

① **資料を読み聞かせる**
全文を読み通すと、授業が面白くなくなる。

「四ドルの横に、小さな紙切れが置いてありました。それは、お母さんからのせい求書でした」までを読み聞かせる。

② 状況設定を確認する

発問一　お母さんのせい求書。「看病してあげた代」、何ドルだと思いますか。

「五ドル」「一〇ドル」「五〇ドル」など、ブラッドレーの金額よりも高いものが出る。

「0ドルです」というと、子どもたちから驚きの声が出る。

同じように、「親切にしてあげた代」と「おもちゃを買ってあげた代」についても問うたあと、お母さんのせい求書を提示する。

発問二　お母さんが「0ドルのせい求書」をブラッドレーに渡した理由は何ですか。

◆普段、いろんなことをお金をもらわずにやっていることを知ってほしかったから。
◆ブラッドレーのやっていることはおかしい、ということを伝えたかったから。
◆お金をもらわなくても、みんなのために何かできる人になってほしいから。

③ 主発問を行う

発問三　ブラッドレーの気持ちが変わったところはどこですか。

ノートに意見を書かせる。

【お母さんのせい求書の内容を見た場面】

◆内容を見たときに、「お手伝いをしてお金をもらおうとしたことが悪かった」と反省した。

◆せい求書の内容を見た瞬間、自分も何かしてあげたいと思った。

【せい求書を見たあと、涙があふれた場面】

◆せい求書の内容を見たときはまだ変わっていなくて、「ああ、お母さんはぼくのためにいろんなことをしてくれたんだな」と思って涙があふれたと思う。

◆涙があふれたということは、そこで気持ちに変化が起こったのだと思う。

【お母さんに、「何でもお手伝いさせてください」と言った場面】

◆それまでは、気持ちの変化が起こったかどうか分からないけど、「お手伝いをしたい」という行動を起こそうとしていることから、気持ちが変わったと分かる。

三年生ならば、まだ討論が難しい場合もある。

その場合は、まず班ごとでミニ討論をさせる。

自分の意見をその場で発言させるのだ。時間にして、三分程度。

その後、全体の討論に入る。この流れの方が、格段に意見が出やすくなる。

④　TOSS道徳ミニ授業を行う

発問四　みんなにも、赤ちゃんのころがありました。今できることで、赤ちゃんのころにはできなかったことは何ですか。

五名程度、指名する。
◆勉強すること。
◆ご飯を食べること。
◆トイレに行くこと。

語り一　赤ちゃんは風邪をひいて、鼻水を出しても自分ではどうすることもできません。そういうときは親が鼻水を口ですすってくれたのです。

赤ちゃんは、うんちをしても、自分で替えることができません。だから、お母さんは、赤ちゃんが泣くと、おしめを替えてくれます。

汚いと思うかもしれません。でも、そういうことを何のためらいもなくできるのは、親だからです。

赤ちゃんがおなかをすかせて泣くと、お母さんは母乳をあげます。母乳を飲ませると、お母さんの体はカルシウムが減って、ボロボロになります。それでも、「あまり飲まないでね」なんてことを、お母さんは言わない。自分の体がボロボロになっても、赤ちゃんの成長を願っているのです。

自分一人で大きくなった、と思い上がってはいけません。お家の人は、こんなことをしてみんなをここまで育ててくれたのです。

これからは、みんなが家族のためにできることを考えることも大切なのです。

発問五　みんなが、家族のためにできることには何がありますか。

ノートに書かせたあと、大切なことなので全員に発表させる。

◆お家の人の肩をもむ。

◆ご飯を作ったり、そうじをしたり、お手伝いをする。

◆お家の人に迷惑がかからないように毎日を過ごす。

⑤　感想を書かせる

(二) 助かった命【掲載教科書：日文（三年）】

教材のタイプ：初志貫徹型
徳目：D-(18) 生命の尊さ
TOSS道徳：自作

【あらすじ】

つとむは、大きな地震を経験する。津波の心配もあったので、つとむは家族と一緒に避難することになった。

壊滅状態になった町を、つとむとその家族は不安な思いを抱え避難していた。その途中、竹内のおばさんから「息子二人が倒れた家のしたじきになっているので、助けてほしい」と頼まれる。お父さんとお兄さんは竹内さんの息子を助けに向かい、つとむとお母さんは先に避難した。

つとむとお母さんが避難所についてしばらくすると、お父さんとお兄さんが竹内さんの息子を助けて帰ってくる。


この資料の主人公は、つとむである。

しかし、徳目の「生命の尊さ」を教えるならば、つとむではなく「つとむのお父さん」の行動を扱うとよい。

① 資料を読み聞かせる
全文を、ゆっくりと読み聞かせる。

② 状況設定を確認する

発問一　地震が起こったあとの家の中は、どうなっていましたか。

◆たんすや本だなが倒れていた。
◆台所ではたくさんの食器が倒れていた。

◆足の踏み場もなかった。

> 発問二　つとむたちが避難するとき、あたりの様子はどうなっていましたか。

◆アスファルトの道路が割れていた。
◆水道管が破裂して、水が噴き出していた。
◆電柱が倒れて、道をふさいでいた。
地震が起こったあと、町が壊滅状態になり、大変な状況であることを確認する。
この確認が、伏線となる。

③　主発問を行う

竹内さんにお願いされて、お父さんとお兄さんが助けに行ったことを確認したあと、次のように問う。

> 発問三　あなたが将来大人になったとき、このような状況でつとむくんのお父さんと同じ行動ができると思いますか。

できるかできないか、挙手させる。
その後、ノートに意見を書かせる。
【できる】
◆助けを求められたのだから、助けに行くのは当然。やらなければいけない。

◆たとえ危なくても、人の命を助けるためには、絶対に行く。

【できない】

◆助けに行ったら自分も巻き込まれるかもしれない。自分が死ぬのは嫌だ。

◆命は大切だけど、わざわざ危ないところに行ったら自分も死ぬかもしれない。それは、命を大切にしているとはいえない。

ここで、もう一歩突っ込んで考えさせる。

発問四　竹内さんの息子さんを助けるために、あなたなら何ができますか。

◆周りの人に助けをもとめる。

◆通りかかった人に「一緒に助けましょう」と声をかける。

命が大切なことは、子どもなりに分かっている。

自分の命も大切にしながら、人の命をどう救うのかを考えさせることも必要である。

④　TOSS道徳ミニ授業を行う

語り一　二〇一一年三月十一日、東日本大震災が起こりました。大きな津波が起こり、たくさんの人が流されて、一万五千人以上の方が亡くなってしまいました。

地震が起こったあと、大きな津波がやってくることが分かりました。

南三陸町の職員である遠藤未希さんは町の人に津波がやってくることを放送で伝えなければいけま

せんでした。それが彼女の仕事だからです。でも、今すぐに逃げなければ津波に巻き込まれてしまう可能性もあります。

発問五　遠藤さんは、放送をしたと思いますか。それとも、逃げたと思いますか。

挙手で確認する。

遠藤未希さんの放送を、映像で見せる。(https://www.youtube.com/watch?v=IBUWQVrbdn4)

語り二　遠藤さんは、津波が来るギリギリまで、放送を続けました。もちろん、仕事ということもあったでしょう。ただ、それ以上に、「町の人の命を助けたい」という思いが強かったのです。放送をし続けた結果、遠藤さんは命を落としてしまいました。自分の命をかけて、それでも人の命を救おうとした、そういう人がいたということを、知っていてほしいのです。

写真提供：災害写真データベース

自分の命を捨てても、人を助けなさい、と教えることはできない。

ただ、「自らの命をかけて、人命を救助した」という事実を、子どもたちは知っておくべきである。

⑤　感想を書かせる

五分間で、ノートに感想を書かせる。

（三）雨のバス停留所で

【掲載教科書：日文（四年）、光村（四年）、東書（四年）、学図（四年）、学研（四年）、教出（四年）、光文（四年）、あかつき（四年）】

教材のタイプ：ルール・マナー型
徳目：A-（3）節度・節制
TOSS道徳：「阪神淡路大震災の授業」（福原政教氏　実践）

【あらすじ】

バスの停留所でよし子はお母さんと一緒にバスを待っていた。雨が激しく、風も強く吹いていたため、バスを待つ人たちは、たばこ屋の軒下で並んで雨宿りをしていた。

遠くにバスが見えたため、よし子は雨の中を走って行って、停留所の一番前に立った。お母さんの声が聞こえた気がしたが、よし子は気にしなかった。

よし子がかさをつぼめてバスに乗ろうとしたとき、お母さんに肩をぐいとつかまれ、元いた場所に戻された。その後、よし子たちがバスに乗ったときには、もう座るところはなかった。

よし子は、お母さんに「ほら、ごらんなさい」と言おうとしたが、いつものように優しく話しかけてくれるお母さんではなかった。よし子は、自分のしたことを考え始めた。

①　資料を読み聞かせる

全文を、ゆっくりと読み聞かせる。

②　状況設定を確認する

発問一　お母さんがよし子の肩をつかんで、元の場所に戻した理由は何ですか。

◆順番を守らなかったから。
◆周りの人が並んでいるのに、順番を抜いて一番に並んだから。
◆他の人は雨だから軒下に並んでいたのに、それを無視して並ぼうとしたから。

教科書に書かれていないことなので、全員に答えさせる必要はない。
四名程度指名をし、答えさせる。

③　体験させる

ルールやマナーは、体験させるのがよい。
しかし、四年生にもなると、ロールプレイを嫌がる子も出てくる。
照れて、真剣にやらない子もいる。
私は、高学年の場合「疑似体験」をさせることにしている。

発問二　もしあなたがよし子さんなら、バスが来たときにどのような行動をしますか。

ノートに自分の行動を書かせる。
ノートに意見を書いたら、近くの人と意見交換する。
◆他の人が動き出すまで待っている。
◆並んでいる人に、「お先にどうぞ」と言って、先に動いてもらう。
◆お母さんに、「行ってもいい？」と聞く。
◆前の人に、「バスが来ましたよ」と言って、気づいてもらう。
これが、「疑似体験」である。
実際にそのような場面に遭遇したとき、自分ならどう行動するのかを、考えさせる。
この方法なら、恥ずかしがることもない。
どの子にも、真剣に考える場が与えられる。

④　TOSS道徳ミニ授業を行う
下の写真を提示して、話し始める。

語り一　二〇年以上前、阪神淡路大震災が起こりました。六千人以上の方が亡くなる大きな地震でした。神戸を中心に、町は壊滅的な被害を受けました。

写真提供：神戸市

> 発問三　大きな地震だったので、海外からもたくさんの取材を受けました。そのときに、海外の記者が驚いたことが三つあったそうです。
> 一つ目は、「暴動が起こらなかったこと」。
> 二つ目は、「総理大臣が現場に来るのが、ものすごく遅かったこと」。
> もう一つは何だったと思いますか。

周りの人と相談させてから、五名程度指名する。

◆被害を受けた人でも、とても優しかったこと。
◆予想以上に、町がめちゃくちゃになっていたこと。
◆日本人は、礼儀正しかったこと。

下の写真を提示する。

> 発問四　これは、何をしているところですか。

三名程度指名する。

◆並んでいる。
◆何かをもらうために、列を作っている。
◆水をもらうために並んでいる。

写真提供：神戸市

語り二　当時、水不足のために水が出ない状態でした。だから、水も並んでもらわなければなりませんでした。このようなとき、外国では必ず取り合いになったり、順番を守らずに喧嘩になったりするんだそうです。

でも、日本人は自分が大変な状況のときでも、みんな譲り合って、整然と並んで順番を待っていました。

海外の記者は、そのことに驚いたのです。

これが、日本人なのです。

⑤　感想を書かせる

（四）「命」（電池が切れるまで）

【掲載教科書：光村（五年）、学図（四年）、教出（四年）】

教材のタイプ：偉人の生き方型
徳目：D-(18)　生命の尊さ
TOSS道徳：「電池が切れるまで」（佐藤俊哉氏　実践）

【あらすじ】

この教材は、一一歳で亡くなった宮越由貴奈さんの詩集「電池が切れるまで」に掲載されている「命」という詩を扱っている。

亡くなる四か月前に書かれたこの詩は、命を電池にたとえて「命は電池と同じでいつか切れる。でも命は電池と違ってすぐに取り替えることはできない。私は、命が疲れたというまでせいいっぱい生きよう」と命の大切さを教えてくれる。

その詩に対してのお母さんの手記が掲載されている。一一年の人生を精一杯生きた娘の思いを、私たちに伝えてくれる内容となっている。


この教材は、読み聞かせるだけで子どもたちの心に響く。

ＴＯＳＳ道徳のミニ授業をセットにするのではなく、この資料そのものをＴＯＳＳ道徳の授業として活用するのがよい。

（宮越由貴奈さんの詩は、すべてインターネットで「（詩名）宮越由貴奈」で検索すれば見つけることができる。）

① 状況設定を確認する

指示一　みんなと同じ四年生の女の子が書いた詩です。聞きなさい。

「きょうだい」（宮越由貴奈　作）という詩を配布し、読み聞かせる。

発問一　どんな女の子ですか。

五名程度指名し、答えさせる。

◆病院にいる女の子。
◆兄弟と窓ごしにしか会えない女の子。
◆病気にかかっている女の子。

指示二　由貴奈さんのことを横で見ていた女の子が書いた詩です。

続けて、「ゆきなちゃん」（田村由香　作）という詩を配布し、読み聞かせる。

発問二　由貴奈さんは、どんな女の子ですか。

ここも五名程度指名し、発言させる。

◆病院からなかなか出られない女の子。
◆病気が重い女の子。

発問三　由貴奈さんの病気は重いですか、軽いですか。

挙手で確認する。

ほとんどの子が、「重い」と予想する。

語り一　由貴奈さんは、どこにでもいる活発で明るい女の子でした。
そんな由貴奈さんの体に異変が起きたのは、幼稚園のときでした。
「神経芽細胞腫」でした。つまり、ガンです。由貴奈さんの命は、そう長くないとお医者さんに言われていました。

② 由貴奈さんの願いを知る

発問四　由貴奈さんの願いは何だったと思いますか。

お隣近所で相談させたあと、ノートに書かせる。

ノートに書けたら、発言させる。

◆学校に行きたい。
◆窓ごしではなく、直接兄弟に会いたい。
◆退院したい。
◆病気を治したい。

発問五　その夢は、叶ったと思いますか。

挙手で確認する。

語り二　由貴奈さんは、三回大手術を克服して、退院することができました。その後しばらくの間、学校へ通い、理科で電池の学習をすることもできました。

③　「命」（宮越由貴奈　作）を読み聞かせる

語り三　由貴奈さんの幸せは、長く続きませんでした。ガンが再発し、再び入院。ガンと闘い抜いて、一一年の短い人生を閉じることになります。

指示三　由貴奈さんが亡くなる四か月前に作った詩が、教科書に載っています。読みます。

教科書を開かせ、「命」という詩を読み聞かせる。

指示四　感想を書きなさい。

◆由貴奈さんは、精一杯生きたと思う。
◆「命」を精一杯生きた由貴奈さんは、すごいと思う。
◆由貴奈さんの言う通り、命を粗末にしてはいけないと思う。

④　お母さんの手記を読み聞かせる

指示五　由貴奈さんが亡くなったあと、お母さんが手紙を書きました。読みます。

教科書に掲載されているお母さんの手記を読み聞かせる。

語り四　「精一杯生きる」、由貴奈さんからみんなへのメッセージです。

⑤　感想を書かせる

三　五・六年生の有名教材　授業プラン

（一）うばわれた自由

【掲載教科書：日文（五年）、光村（五年）、学図（五年）、学研（五年）、教出（六年）、あかつき（五年）】

教材のタイプ：内面変化型

徳目：A－（1）善悪の判断・自律・自由と責任
TOSS道徳：「ジコ虫はどこにいる」（伊藤秀男氏　実践）

【あらすじ】

森の番人ガリューは、ある日森の中で銃声を聞く。森で動物をとってはいけないため、取り締まるために男に近づく。ガリューが捕らえようとしたところ、相手はこの国の王子ジェラールだった。国のきまりを守らせようとするガリューと、自由なくらしを望むジェラールは言い合いとなり、結局ガリューが捕らえられる。

その後、ジェラールは国王となるが、勝手気ままに振る舞ったため、裏切りにあい、捕らえられてしまう。牢屋に入ったジェラールは、そこでガリューと出会う。ジェラールは、ガリューに「わがままな心を正していれば、国が乱れることはなかった」と涙を流しながら話した。

① 資料を読み聞かせる
全文をゆっくりと読み聞かせる。

② 状況設定を確認する
ガリューとジェラールの意見が対立していることを確認してから、次のように聞く。

発問一　ガリューは、何を主張しているのですか。

◆たとえ王子でも、きまりは守らなければならない。

発問二　ジェラールは、何を主張しているのですか。

◆自分は王子だから、きまりを守る必要はない。
◆みんな、したいことをしたいようにできる自由なくらしを望んでいる。きまりなど必要ない。
教科書を見れば、答えが書いてある。
一〜二名を指名して、確認するだけでよい。

発問三　ガリューの主張とジェラールの主張、どちらに賛成ですか。

ノートに意見を書かせて、指名なし発表させる。

③　主発問を行う

発問四　ジェラールのターニングポイントはどこですか。

ノートに意見を書かせる。

【ジェラールが牢屋に入れられた場面】

◆牢屋に入ったときに、「勝手気ままな振る舞いがよくなかった」と反省した。

◆自分の自由が奪われて悲しい気持ちになっているはず。

【ガリューに出会い、向き合ったまま黙っている場面】

◆自分が牢屋に入れたガリューに出会って、「この男の忠告を聞いておけばよかった」と思った。

◆向かい合って黙っているときに、そのあとに言った「おまえの言葉を受け入れ、わがままな心を正すことができたなら」と言うことを考えて、反省したのだと思う。

【ジェラールがハラハラと涙を流す場面】

◆涙を流す前に、「おまえの言葉を受け入れ、わがままな心を正すことができたなら」と言っているので、気持ちが変わっている。

◆涙を流したということは、何か気持ちに変化が起こったのだと思う。

教材のテーマは、「自由の定義」である。

討論の中で、「自由」という言葉が出たときは、教師が論点を絞る。

「『自由』という論点で、もう少し意見を言ってごらんなさい」と指示すればよい。

④　TOSS道徳ミニ授業を行う

AC（公共広告機構）のポスター（ACジコ虫で検索できる）の名前を抜いたものを、印刷して配布する。

発問五　昔、このようなポスターが作られました。「ジコ虫」と言います。それぞれ、「〇〇虫」という名前がついています。何虫だと思いますか。

かなり昔のポスターなので、分からない子が多い。

お隣近所の友だちと、話し合わせる。

◆携帯かけ虫

◆たばこすい虫

◆メイク虫

当時のＣＭの映像を見せる。(https://www.youtube.com/watch?v=FPfVJm1nG7k)

発問六　ジコ虫がしていることも、ある意味では「自由」な行動です。ジコ虫の行動は、許されることだと思いますか。

「許されない」という意見が、多数を占めるだろう。

語り一　日本の国のきまり、憲法には次の項目があります。

「二二条：何人も公共の福祉に反しない限り、居住、移転および職業選択の自由を有する」

自由は、『公共の福祉に反しない』こと、つまり『人に迷惑をかけない』ことが最低の条件なのです。

自由と責任は一枚の紙のように裏表の関係です。

紙には裏と表がありますが、表だけにすることはできませんね。裏だけにもできません。

どちらか片方を無くせば、紙の存在そのものがなくなってしまいます。

「やるべきことはきちんとする」「人に迷惑をかけずに生活する」という責任があって、初めて自由があります。

責任のない行いを好き勝手にやっていると、紙と同じように自由も無くしてしまうのです。


最後に、「公共のマナー捨てられています」(https://www.youtube.com/watch?v=1l7FJQabfps) を見せる。

⑤ 感想を書かせる

(二) **星野君の二るい打**【掲載教科書：あかつき(六年)】

教材のタイプ：意見対立型
徳目：C-(11) 規則の尊重
TOSS道徳：ルールの大切さを教える(河田孝文氏 実践)

【あらすじ】

とある野球の大会への出場が決定する予選の最終試合でのことである。

同点の最終回裏の攻撃、ノーアウトランナー一塁の場面でバッターは星野君に回ってきた。監督からはバント。星野君は不服ながらもバントのつもりで準備をしていたが、絶好球が来たのでバントの指示に背いて強攻策に出る。結果、星野君は二塁打を放った。そして、星野君のチームは次の打者が犠牲フライを打ったためこの試合に勝利することができた。

しかし、翌日に監督はバントの指示に背いた星野君に「共同の精神や犠牲の精神の分からない人間は社会の役立つことはできない」と話し、大会への出場停止処分を下した。

① 資料を読み聞かせる
全文を、ゆっくりと読み聞かせる。

② 状況設定を確認する

発問一　星野君が、バントをせずに打った理由は何ですか。

◆根拠はないけど、打てそうな気がしたから。
◆自分の得意なコースのボールがきたから。
◆ここで打てば、チャンスが広がり逆転できると思ったから。

発問二　監督が、星野君を出場停止にした理由は何ですか。

◆監督の命に背いて、バントをしなかったから。
◆チームで決めた作戦を無視したから。

星野君の考えと監督の考えが、食い違っていることを確認する。

③　主発問を行う

発問三　星野君が、バントをせずに打ったという行動に賛成ですか、反対ですか。

ノートに賛成・反対を書かせ、その理由も書かせる。
ノートに意見を書いたら、グループで三分程度意見交換をさせる。
グループで話し合わせたあと、次の指示が必要である。

指示一　友だちの意見を聞いて、なるほどと思ったことなど、意見を一行以上付け加えなさい。

「ノートに意見を追加する」という負荷があるから、子どもたちの意見交換が活発になる。

【賛成派】
◆ルールは守らなかったが、星野君の二塁打で結果的に勝ったのだから、結果オーライだと思う。
◆星野君が打たなければ負けていたかもしれない。
◆もしバントをしていたら、そのあとが繋がらず負けていたかもしれない。打ったことで勝ったのだから星野君が出場停止になるのはおかしい。

【反対派】
◆チームで試合をしているのだから、チームの方針に従うのは当然。ルールを守らなかった星野君が次の試合に出られないのは当然。

◆一度「バントする」と言ったのだから、自分で決めたことはやらなければいけない。

◆今回勝てたのはたまたまで、次は指示を守らずに負けるかもしれない。

◆集団では、ルールを守ることが大切。一人破ると、他にも破る人が出てくるから、星野君の行動を許すべきではない。

全体での討論を一五分程度行う。

④　TOSS道徳ミニ授業を行う

発問四　次のルールは、何のゲームのルールでしょう。「①黒が先手」「②打てる箇所がなければパスをする」「③打てる箇所があるときは、必ず打つ」「④数が多い方が勝ち」

「オセロ」だということがすぐに分かる。

発問五　ルールを破るとどうなりますか。

◆負けになる。

◆試合に出られなくなる。

同じパターンで、将棋のルールを確認する。（「①交互に駒を進める」「②駒の動きは、それぞれの駒によって違う」「③王将が取られたら負け」）

発問六　スポーツにもルールがあります。次のルールは、何のスポーツでしょう。
「①相手をつまずかせたら反則」「②相手を蹴ったら反則」「③相手に唾を吐きかけたら反則」「④ボールを手で触ったら反則」

「サッカー」とすぐに出る。

発問七　ルールを破るとどうなりますか。

◆出場停止になる。
◆ペナルティーキックが与えられる。
◆イエローカードが出る。

語り一　ゲームでも、スポーツでも、ルールを破るとペナルティーが与えられますね。

人間が集団で生活するためには、ルールが必要です。

それは、昔から同じで、日本でも江戸時代に村のルールを破ると結婚式やお葬式などの儀式以外はつきあいをしてくれませんでした。「村八分」と言います。

海外でも、「目には目を、歯には歯を」で有名な、ハムラビ法典があります。

今も昔も、日本でも外国でも、集団で生活するためには「きまりを守ること」が必要だと伝えられてきているのです。

⑤　感想を書かせる

（三）手品師【掲載教科書：光村（六年）、東書（六年）、学図（五年）、学研（五年）、教出（六年）、あかつき（六年）】

教材のタイプ：意見対立型
徳目：A-（2）正直、誠実
TOSS道徳：「キツネは欲張りか」（石川正三郎校長の語り）

【あらすじ】

あるところに、腕はいいがあまり売れない手品師がおり、「大きな劇場で手品をやりたい」という夢を持っていた。

ある日、町を歩いていると、父と死に別れ、母が働きに出かけ帰ってこない男の子に出会う。手品師は男の子を元気づけようと手品を披露する。元気になった男の子と手品師は、「明日も来る」ことを約束する。

その夜、友人から電話がかかってきて、「明日、大劇場で手品を披露してほしい」ことを伝えられる。大劇場の穴をあけないことが目的であり、延期することもできない。

手品師は、大劇場の話を断り、男の子との約束を守った。

①　資料を読み聞かせる

この話は、葛藤型ではあるが、最後に手品師の判断が書かれている。

最後まで読んでしまうと、討論になり得ない。

「手品師は、迷いに迷ってしまいました」までを読み聞かせる。

②　状況設定を確認する

発問一　手品師の夢は、何でしたか。

◆大きな劇場で、はなやかに手品をやりたい。

発問二　大劇場で手品をすることが夢だった手品師が、大劇場に出られるチャンスを受けるか受けないかを迷っている理由は何ですか。

◆男の子と、「明日来る」と約束してしまったから。

◆大劇場で手品をすることも大切だが、男の子との約束を守ることも大切だから。

状況設定の確認である。

リズムテンポよく進める。

③　主発問を行う

発問三　手品師は、男の子との約束を守るべきですか、それとも自分の夢を叶えるべきですか。

ノートに意見を書かせる。

【男の子との約束を守る派】

◆男の子との約束が先約である。先にした約束を守るべきである。

◆大劇場は、また機会がある。でも、男の子との約束はこの日しかない。

◆「明日来る」と言っておきながら、自分の夢のために大劇場に行くのは自分中心の考え方であり、よくないと思う。

【自分の夢を叶える派】

◆大劇場での舞台は、二度とないかもしれない。男の子との約束は、次の日に回せばよい。

◆劇場に出演すれば、自分の夢が叶い、お金も入る。くらし向きも楽になる。

◆男の子との約束はいつでも果たせる。でも、大劇場のチャンスを逃すともう二度とないかもしれない。このチャンスを逃さないべきである。

討論中に、子どもが「先生、どちらかじゃないとダメですか」と聞いてくることがある。

このように聞かれたら、全体に次のように指示する。

指示一　○○さんから、「どちらかでないといけないのか」という意見がありました。
この二つ以外に何か方法があるなら、その方法を発表しなさい。

このように指示すると、他にも様々な意見が出る。

◆男の子を、大劇場に招待してあげればよい。

◆男の子に事情を説明して、明後日にしてもらえばよい。

この話の場合、現実ならば折衷案を考える。男の子の約束を守りながらも、自分の夢を叶えようという意識が働くはずである。

つまり、この考えが出ることこそ、この教材で教えるべきことである。

④　TOSS道徳ミニ授業を行う

語り一　ある村はずれの森に、うさぎときつねがいました。

村はずれのお地蔵さんのところへ、二匹が来ました。うさぎが言いました。

「私に、健康な足をくれてありがとう。おかげで、毎日元気に暮らしています。」

次に、きつねが言いました。

「私に、賢い頭をくれて、ありがとう。でも、私は満足できません。健康な足もほしいのです。」

これに、答えて、お地蔵さんは言いました。

「うさぎさんには健康な足を、あなたには賢い頭をあげたのです。それなのに、健康な足もほしいとは、それはあんまり欲張りだ、きつねさん。」

発問四　あなたは、きつねさんとお地蔵さん、どちらの意見に賛成ですか。

【きつねさん派】
◆どちらもほしいと考えるのは当然だ。
◆努力して、どちらも手に入れることは悪いことではない。
【お地蔵さん派】
◆両方手に入れようとすることは贅沢。

語り二　どちらも手に入れたいと思うことは、悪いことではありません。両方を手に入れられるように、自分で考え、それに向かって一生懸命努力することが、実は大切なのです。

⑤　感想を書かせる

（四）エルトゥールル号のきせき

【掲載教科書：日文（六年）、光村（六年）、学図（六年）】

教材のタイプ：偉人の生き方型
徳目：A-(6) 真理の追究
TOSS道徳：「日本とトルコの友好関係」（太田政男氏　実践）

【あらすじ】
一八九〇年九月一六日の夜、紀伊大島の樫野にトルコの軍艦エルトゥールル号が乗り上げた。大破したエルトゥールル号の乗組員は船に投げ出され、それを知った樫野の人たちは、トルコの人たちを助けるため非常食用のにわとりを振る舞った。その後乗組員たちは無事にトルコに帰ることができた。
それから九五年後、イランとイラクの間で戦争が起きた。「四八時間後から、イラン上空を飛ぶすべての飛行機を打ち落とす」と宣言され、イランにいた日本人は急いで空港に向かう。どの飛行機も自分の国の人を優先する中、トルコ航空の飛行機は、自分の国よりも日本人を優先し、全員を乗せて飛び立った。

このエピソードは、読み聞かせるだけで、子どもたちの心に残る。読み聞かせ、感想を書かせるだけでよい。
ただ、この内容を授業するとすれば、次のようになる。

① 「エルトゥールル号事件」を教える

下の絵を見せて、次のように問う。

発問一　一八八六年、ノルマントン号事件。船は沈み、白人は、船長の指示で全員が助かりました。しかし、日本人は全員死亡。この話を聞いた日本の人々は何を思ったでしょうか。

◆白人だけ助かって、悔しい。
◆日本人に対する差別だ。

語り一　このような歌があります。
「いかに人種はちがうとも　いかに情けを知らぬとも　この場に臨みて我々を　捨てて逃るは卑怯者」
日本人は、このような精神を持っていました。

教科書の資料で、「エルトゥールル号が和歌山沖で大破し、乗組員が海に投げ出された」ところまでを、ゆっくりと読み聞かせる。

発問二　トルコの人たちが海に投げ出されたとき、樫野に住む日本の人々はどうしたと思いますか。

五人程度を指名し、発言させる。
◆差別されているから、助けなかった。
◆トルコの人たちを助けた。
教科書の資料「六九名のトルコ人が全員無事にトルコに帰ることができた」というところまで読み聞かせる。

指示一　感想を書きなさい。

ここは、長く書かせる必要はない。「短く、一〜二行で書きなさい」と言う。
感想を書いた子から、次々と発表させる。

◆日本人の精神は素晴らしい。
◆昔には、すごい日本人がいたんだなあと思った。
◆日本人はすごい。

② 「イラク戦争」のときのエピソードを教える

資料の続きを読み聞かせる。

「他の国の飛行機は自分の国の人を優先し、日本人はイラクに取り残された」ところまでを読み聞かせ、次のように問う。

> 発問三　このとき、最後に飛ぶのがトルコの飛行機二機でした。トルコの飛行機は、日本人を乗せてくれたと思いますか。

挙手で確認する。

資料を最後まで読み聞かせる。

> 指示二　短く、感想を書きなさい。

◆トルコの人は、日本人にとって命の恩人だ。
◆日本人が助けてあげたことに対して、トルコ人が恩返しをしてくれたんだと思う。

③　その後の日本とトルコの関係について語る

イラク戦争後も、日本とトルコの関係は続いている。

その後の関係のことについて、教師が語る。（日本文教出版の教科書には、その後の話が書かれているので、読み聞かせてもよい）

語り二　一九九九年、トルコで大地震が起きました。そのとき、イラク戦争で助けてもらった人々が義援金を送りました。トルコの人は大変喜んだそうです。

逆に、二〇一一年に起きた東日本大震災のときには、トルコからたくさんの方がボランティアに来て、活動してくれました。

このように、日本とトルコは、お互いを思いやり、助け合う心で繋がっているのです。

④　感想を書かせる

「偉人の生き方型」の教材は、読み聞かせて感想を書かせるだけでよい。

しかし、授業として扱いたいこともある。

その場合は、「①資料を読み聞かせ」、「②どのように行動したかを問い」、「③感想を書く」、このくり返しで授業を組み立てれば、心に響く授業となる。

※注1

各教科書会社名と教科書名を省略した。

実際の教科書会社名と教科書名は以下の通り。

日文…日本文教出版「生きる力」
光村…光村図書「きみがいちばんひかるとき」
東書…東京書籍「新しい道徳」
学図…学校図書「かがやけ　みらい」
学研…学研教育みらい「みんなの道徳」
教出…教育出版「はばたこう明日へ」
光文…光文書院「ゆたかな心」
あかつき…廣済堂あかつき「小学校の道徳」

5 効率的で、効果抜群！「道徳の評価」は、このように書く

一 道徳の評価の基本

新学習指導要領には、道徳の評価について次のように書かれている。

> 4 児童の学習状況や道徳性に係る成長の様子を継続的に評価し、指導に生かすよう努める必要がある。ただし、数値などによる評価は行わないものとする。

この文章を読み解くと、次のようになる。

> ① 道徳の授業での学習状況（関心・意欲・態度）や道徳性の成長を評価すること
> ② 学期ごとの評価ではなく、一年間の成長が分かるように評価すること
> ③「文章表記」で評価すること

まとめると、道徳の評価は次のようにすることが求められる。

子どもの関心・意欲・態度に関わることや道徳性に関わることで、成長したところや努力したところを、「ほめる」という方法を使い、文章で評価すること

周りの子と比較して、評価するのではない。

その子自身が、以前に比べてどれだけ成長したかを評価するのだ。

二 コールバーグの「道徳性発達理論」

子どもたちの道徳性がどれだけ成長したかをはかる上で、参考になる指標がある。

コールバーグの「道徳性発達理論」である。

コールバーグは、人間が道徳的判断力を獲得していくのには段階があり、概ね次の六段階で発達していくことを提唱した。

（一）慣習以前のレベル
【第一段階】罰と服従への志向
「先生に叱られるから、言うことを聞こう」「警察に捕まるから、お店からものを取らない」など、ペナルティーが与えられるから、正しい行動をしようとする段階。
主に五・六歳の子どもが、この段階に当てはまると言われる。
【第二段階】道具主義的な相対主義志向
「お手伝いをしたら、ご褒美がもらえる。だからお手伝いをしよう」など、損得を考えて正しい行動

をしようとする段階。

主に小学校の低学年が、この段階に当てはまると言われる。

（二）慣習的レベル

【第三段階】「良い子」志向

「いいことをしたら、先生がほめてくれる」「消しゴムを拾ったら、友だちが『ありがとう』と言ってくれる」など、人から認めてもらえるから正しい行動をしようとする段階。

主に小学校の中学年から高学年が、この段階に当てはまると言われる。

【第四段階】「法と秩序」志向

「社会にはルールやマナーがあり、それを守ることが大切だ」と考え、正しいことをしようとする段階。

主に中学生・高校生が、この段階に当てはまると言われる。

（三）脱慣習的レベル

【第五段階】社会契約的な法律志向

第四段階とほぼ同じだが、自分の所属している組織が正しくない行動をしていても、自分だけは正しい行動を貫くことができる段階。

この段階は、成人以降に獲得されると言われる。

【第六段階】普遍的な倫理的原理の志向

道徳と法律の区別ができるようになり、法律が道徳的におかしいと考えたときは、法律よりも道徳的に正しい行動をしようとする段階。

コールバーグの理論で言えば、小学校卒業段階で第三段階の考え方ができるようになればよいということになる。

道徳の評価をするとき、クラスの子どもたちがどの段階にあるかを教師が見極め、次の段階へ一歩でも近づくことができるように、励ましの言葉を書けばよい。

子どもたちの道徳性を、この理論だけで評価することは難しい。

しかし、道徳の評価の基準としては、参考になる考え方である。

三　道徳授業の最後には、「感想」を書かせる

道徳の評価をするときに必要なこと。

それは、次の二つである。

> ①　毎時間の授業の終わりに、感想をノートに書かせる
> ②　授業中の発言回数を、ノートに書かせる

もちろん、教師が授業中の様子をメモで残すこともある。

しかし、授業中に全員の子どもたちの様子をメモすることは難しい。

授業の最後に感想を書かせておくと、その時間に子どもたちが何を考えていたかが、手に取るように分かる。

また、討論しているときの発言回数を、ノートに書かせる。

討論中、教師が発言した子どもの名前をノートにメモしておく。

そして、授業の終わりに「発言した子の名前を言います。自分の名前が何回出てくるか数えなさい」と指示

し、発言した数をノートに書かせる。

ノートに書いた感想と発言回数をもとに評価するのだ。

四　評価する内容と評価の文例

では、感想と発言回数をもとに、具体的にどのような評価をすればよいのか。

私は、主に次の三つであると考えている。

（一）道徳授業への積極的な参加に関すること
（二）道徳ノートへの記述に関すること
（三）道徳性の成長に関すること

（一）道徳授業への積極的な参加に関すること

これから、道徳の授業は「討論」が中心となる。

子どもが討論の中で、どれだけ積極的に発言したかを評価する。

また、それと同時に、自分の考えだけを主張するだけでなく、友だちの考えを認めながら発言できているかも評価したい。

【評価の文例】

◆「（教材名）」で討論をしたとき、自分の考えを何度も立って発言することができました。

◆「（教材名）」の学習では、「○○くんの意見も分かるのですが…」と立場の違う友だちの意見を認めながらも、自分の意見を主張することができました。

◆はじめはなかなか立って発言することができませんでしたが、次第に自分の意見に自信を持ち、積極的に発言できるようになりました。

（二）道徳ノートへの記述に関すること

子どもの中には、積極的に発言することは苦手だけれど、よく考えている子がいる。

授業中には、「発言しない子は、ノートに自分の考えをたくさん書きなさい」と指示しておく。

そのノートを評価すればよい。

【評価の文例】

◆「（教材名）」の討論をしたとき、自分の意見をノート一ページ分、びっしりと書くことができました。

◆「（教材名）」の学習をしたとき、自分と異なる意見に対しての反論をノートにしっかりと書くことができました。

◆道徳の授業中は、友だちの発言をよく聞いて自分の意見をノートに書き、いつもノート二ページ以上書くことができました。

（三）道徳性の成長に関すること

授業中の発言、ノートへの記述と合わせて、子どもの道徳性についても評価したい。

ノートに書かれている内容を、コールバーグの「発達性理論」に当てはめれば、子どもがどの段階にいるのかをある程度評価することができる。

他の子との比較にならないよう、その子がどれだけ成長したかを書く。

【評価の文例】

◆「(教材名)」の学習をしたとき、ご褒美をもらうためではなく、「お家の人を楽にしてあげたい」と考えてお手伝いをしようと考えることができました。

◆「(教材名)」の学習では、先生にほめられるからそうじをするのではなく、「そうじをすることは学校のきまりである」と考え、学校やクラスのためにそうじをしようと決意することができました。

◆討論前は、「自分にとって損になることはやらない方がよい」と発言していましたが、討論を進める中で考えが変わり、「自分が損をしても、友だちが喜ぶなら助けてあげる」と発言できました。

感想

今日はしい思いやりの勉強をしました。わたしは、おじいさんに席をゆずったおとこのこは、えらいなあと思いました。わたしももしこういうときがあったら席をゆずってあげたいと思います。このおとこのこは、席をゆずってあげれてかしこいなあと思いました。

五　「道徳の評価」の所見パターン

上のノートは、「おじいさんの顔（日本文教出版『生きる力』四年）」という資料で授業をしたあとの、Aさんの感想である。

この感想文を使って、道徳の評価を書くとする。

みなさんなら、この感想からどのような評価を書かれるだろうか。

少しお考えいただきたい。

さて、私なら次のように書く。

「おじいさんの顔」を学習したとき、「席をゆずる」という思いやりのある行動に共感し、自分が楽をするために座るのではなく、お年寄りの方に席を譲ろうと決意することができました。大変素晴らしいです。


文字数にして、九六文字。

長すぎず、短すぎず、といったところだろう。

この文章を書くのに要した時間は、わずか三分である。

では、どのように書いたのか。

ポイントは、次の四つである。

① 学習した「資料名（徳目名）」を書く
② 「授業への積極的な参加」「道徳ノートへの記述」「道徳性の成長」の中から一項目を選び、そのことについて具体的に書く
③ ほめ言葉を入れる

最初に、何を学習したかを書く。

資料名や徳目が中心になるだろう。

次に、先に示した三つの項目のうち、その子が一番がんばったと思う項目について、具体的に書く。

Aさんの場合、お年寄りに席を譲った男の子の行動に共感し、次は自分も席を譲ってあげたいと決意している。

道徳性が、「損得行動」から「良い子行動」へと変容しつつあることが分かる。

そのことを書けばよい。

「これからは、〜したい」と子どもが書いている部分を、そのまま引用すればよい。

あとは、どこかにほめ言葉を入れておけば完成である。

これが、私が提案する「道徳の評価」所見パターンである。

六　評価を書きやすくする、「感想のフォーマット」

道徳性の成長を所見に書くためには、子どもが感想に何を書いているかが重要になる。

子どもが共感・感動した場面や、これからどうしたいのかといったことが書かれていなければ、このパターンに当てはめることはできない。

そこで、道徳の授業開きで、道徳の感想の書き方のフォーマットを示すようにしている。（山口県・河田孝文氏の追試）

> 今日は、〇〇〇〇の勉強をしました。【資料名・徳目・学習内容】
> 分かったことは、□□□□□ということです。【感動したこと】
> これからは、〜〜〜〜〜〜〜〜〜〜〜にしていきたいです。【考えの変化・決意】

このフォーマットに沿って、感想を書かせる。

書き方のフォーマットがあるということは、すべての子どもたちにとって優しい。

「このように書けばいい」という見通しが持てるからだ。

どの子も感想を書くことができ、道徳の評価所見も書きやすくなる。

七　子どもの感想を活用した「評価の文例」

子どもたちの感想をもとに、道徳の評価の文章例を書いた。

フォーマット通りに書いていない子もいる。それでも、先に示した所見パターンを使えば、簡単に書くことが可能である。

参考になればと思う。


【「友子さんの水着」の感想】

今日は、ものの大切さを勉強した。分かったことは、まだ使えるのにむだづかいをするということは、とてももったいないということです。これからは、ぼくもむだづかいしないようにしていきたいと思いました。友子さんはもったいないことを言ったと思います。

【評価の文例】
「友子さんの水着」の勉強をしたとき、友子さんの行動を見て「物を大切にしなければいけない」ということに気づき、新しい水着を着ることよりも、むだづかいをせず物を大切にしようと決意することができました。立派な考え方だと思いました。

感想
今日は、物の大切さを勉強をした。
分かったことはまだ使えるのにむだ
づかいをするということは、とても
もったいないということです。これ
からは、ぼくも、むだづかいしない
ようにしていきたいと、ぼくは、そ
う思いました。友子さんは、もった
いないことを言ったと思います。

【「少しだけなら」の感想】

今日、「少しだけなら」という勉強をしました。分かったことは、うそはついてはいけないということです。これからは、正直に前向きにちゃんと報告することが大切だと思いました。自分は、何事も正直に言おうと思いました。

【評価の文例】
「少しだけなら」の勉強をしたとき、主人公がお母さんに嘘をついてしまったことに対して「嘘をついてはいけない」と強く反論し、たとえ自分にとって楽しいことをするときでも嘘をついたりせず、小さなことでも正直に話そうと考えることができました。その決意に感動しました。

【「ブラッドレーのせい求書」の感想】

今日は、「ブラッドレーのせい求書」の勉強をしました。分かったことは、あいじょうが大切だということです。あいじょうは大切に思う温かな心です。私も温かな心を持って、毎日毎日生き続けたいです。あいじょうは大切だということが分かりました。

【評価の文例】
「ブラッドレーのせい求書」の勉強をしたとき、お母さんの愛情を持った行動に感動し、ご褒美をもらうためではなく、家族が幸せになるために愛情を持って生き続けようと考えることができました。その優しさ

に、感激しました。

【「目ざまし時計」の感想】

ルールを守らないと、リカさんみたいになるから、ルールは守りたいです。わたしはお母さんに注意されるとちゃんと聞いてねるようにしています。今まではあまりたくさん発言することができなかったけど、今回の討論では勇気を出して二回発言することができました。次からも、がんばって発言したいです。

【評価の文例】

「目ざまし時計」で、リカさんの行動に賛成か反対かの討論をしたとき、今までは自分の考えを発言することが苦手でしたが、勇気を出して発言することができました。発言回数も確実に伸びてきており、その意欲の高さに驚きました。

【「ありときりぎりす」の感想】

今日は、ありときりぎりすの勉強をしました。考えたことは、ありがきりぎりすに食べ物をあげないということは「一つの命をなくすということだ」ということにありは気づいていない。きりぎりすは、夏の間に食べ物を集めていないのはダメだと思うけど、ありはそれでも食べ物をあげないといけないと思う。

【評価の文例】

「ありときりぎりす」の勉強をしたとき、「食べ物をあげない」という意見に共感しながらも、「命を大切にする」という視点で論を展開しました。友だちの意見をよく聞き、命の大切さを深く考えることができました。


【「雨のバス停留所で」の感想】※この子は、討論中のメモがびっしり書かれていた。

今日は、「雨のバス停留所で」の学習をしました。みんなは討論をしていたけれど、一度も発表できませんでした。よし子さんは、横入りせずに並んでバスを待っていたらいいと思いました。

【評価の文例】
「雨のバス停留所で」の学習をしたとき、みんなの発言をよく聞いてメモをびっしりとノートに書くことができました。書きながら自分の考えをまとめたのか、「横入りをせずにルールを守って並んだ方がいい」と考えることができました。

八　通知簿「行動の記録」の評定の仕方

道徳の評価は、実はこれまでにもあった。

我々が、道徳の評価として見ていないだけである。

それは、何か。

行動の記録

である。

この「行動の記録」を、道徳の評価と考えることもできる。

私は「行動の記録」をつけるときに、子どもたちにアンケートを取る。（p143参照）

「気持ちのよいあいさつや返事ができましたか」程度の簡単な内容である。

道徳の評価は、個人内評価である。

子どもたちががんばったと思うことを、そのまま評価してやればよい。

子どもは、教師が思っている以上に正直である。

いい加減に○をつけたりすることはしない。本当に自分ががんばったことに○をつける。

子どもに評価させたあと、教師はその中でも特に目を引く行動を選び、「よくできる」をつければよい。

この方法で行うと、「行動の記録」はあっという間に終わる。

道徳の授業の感想とアンケート調査で、道徳の授業や道徳的判断力を効率的で効果的に評価することができる。

生活アンケート

4年　名前（　　　　　　）

１学期のふだんの生活をふりかえってみましょう。

下に書いていることができましたか。「よくできた」「できた」「もう少し」のどれかの□の中に○をつけましょう。

項目	よくできた	できた	もう少し
1．気持ちのよいあいさつや返事ができましたか。			
2．先生や友だちのお話をよく聞けましたか。			
3．机のまわりは、いつもきれいになっていますか。			
4．勉強道具を、休み時間中に準備していますか。			
5．時間を守って、学校生活を送っていますか。			
6．手を洗ったり、うがいをしたり、いつも身の回りをきれいにしていますか。			
7．毎日、明るく元気にすごしていますか。			
8．何事もあきらめずに、最後までやっていますか。			
9．自分の当番や係の仕事は、きちんとやっていますか。			
10．活動するときに、何か工夫することを考えていますか。			
11．お友だちにやさしくしたり、親切にしたりしていますか。			
12．クラスの友だちと力を合わせて活動していますか。			
13．生き物を大切にしていますか。			
14．先生や友だちのお手伝いをしていますか。			
15．まわりに流されず、自分の信じたことをやっていますか。			
16．学校のルールを守って生活していますか。			

6 新指導要領の「内容項目」を軸にした教科書教材＋ＴＯＳＳ道徳の授業づくり
〜教科書会社別教材とＴＯＳＳ道徳の実践 学年別一覧〜

一 「内容項目と教科書教材一覧表」の活用の仕方

私が提案する「教科書教材＋ＴＯＳＳ道徳」の授業プランを考える上で、次の作業を行った。

> ① 学習指導要領に示されている「内容項目」を、ＴＯＳＳ道徳の人間の「生き方五原則」に合わせて分類する
> ② 内容項目に合わせて、各教科書会社の教材を分類する
> ③ 向山先生の授業、新法則化シリーズ（学芸みらい社）、ＴＯＳＳランドの授業を、人間の「生き方五原則」に合わせて分類する

この分類を一覧にしたのが、「ＴＯＳＳ道徳の『生き方五原則』で分類した、『内容項目』と『教科書教材』一覧表」である。

一覧表の活用の仕方は、次の通りである。

> ① 授業する教科書教材を探す

②　一覧表の下にある「新法則化シリーズ」「ＴＯＳＳランド・向山実践」の中から、使えそうな教科書教材の内容にマッチしたものを選ぶ（本、ホームページを見て、内容がマッチしているかを確認する）

③　ＴＯＳＳ道徳の実践を、ミニ授業化する

ミニ授業は、ＴＯＳＳ道徳の実践のエキスだけを抽出する。

主発問や語りなど、必要な部分をチョイスすればよい。

一覧表のＴＯＳＳ道徳の実践群の中に、マッチした実践がない場合もある。

そのときは、ＴＯＳＳランドで再度検索する。

ＴＯＳＳ道徳の「生き方五原則」に分類したのは、ＴＯＳＳランドのキーワード検索をしやすくするためである。

教科書教材が分類されている「生き方五原則」のワードを入れると、それぞれの原則にマッチした実践群が出てくる。

その授業群をミニ授業化すればよい。

教科書教材に、力のある資料を付け加えることで、子どもたちの心に響く道徳授業が可能となる。

二　各学年別「ＴＯＳＳ道徳の『生き方五原則』で分類した、『内容項目』と『教科書教材』一覧表」

次頁以降、「ＴＯＳＳ道徳の『生き方五原則』で分類した、『内容項目』と『教科書教材』一覧表」を学年別に示した。

（１）１年

第１学年　ＴＯＳＳ道徳の「生き方五原則」で分類した“内容項目”と“教科書教材”一覧 ①

	1. 相手のことを心から考えよう	2. 弱いものをかばおう	3. 世のため人のためになることをしよう	4. まず自分にできることをしよう	5. 先人に学ぼう	6. ルール・マナーを守ろう	7.その他
主な内容項目	B-(6)親切・思いやり B-(7)感謝 C-(13)家族愛・家庭生活の充実	B-(9)友情・信頼 C-(11)公正・公平・社会正義 D-(17)生命の尊さ	A-(5)希望と勇気・努力と強い意志 C-(12)勤労・公共の精神 C-(16)国際理解・国際親善	A-(1)善悪の判断・自律・自由と責任 A-(2)正直、誠実 A-(4)個性の伸長	C-(15)伝統文化の尊重、国や郷土を愛する態度	A-(3)節度・節制 B-(8)礼儀 C-(10)規則の尊重 C-(14)よりよい学校生活，集団生活の充実	D-(18)自然愛護 D-(19)感動・畏敬の念
日本文教出版	3ありがとう 9はしの　うえの　おおかみ 26おかあさんの　つくった　ぼうし	2うまれたての　いのち 7ぞうさんと　おともだち 10もりの　ぶれぜんと 20かずやくんの　なみだ 25二わの　ことり 30ハムスターの　赤ちゃん 33ゆっきと　やっち	12オリンピック・パラリンピック 19学校へ　いくとき 24おふろばそうじ 32　１２０てんの　そうじ ①せかいじゅうの　子どもたちが	6なにを　しているのかな 14ひつじかいの　こども 21ぼくは　小さくて　しろい 22にんじんばたけで 27やめろよ 28あなたって　どんな　人？	29はしれ、さんりくてつどう 31うつくしい　わがし	1たのしい　がっこう 4ゆうたの　へんしん 5あいさつ 8あとかたづけ 11なんて　いえば　いいのかな 13どうしてかな 15そろって　いるけど 16かぼちゃの　つる 17どんな　あいさつを　しますか 23おおひとやま ②学校を　休んだ ③休みじかん	18どうぶつふれあい　ひろば 34うちゅうせんに　のって
光村図書	14 はしのうえのおおかみ 29 くりのみ 10 ありがとうがいっぱい 34 みんなみんな，ありがとう 11 かぞくとおはなし 26 これなら　できる	3　なかよくね 25 二わの　ことり 20 ジャングルジム 30 あしたは　えんそく 4　みんな　いきてる 16 いきて　いるって 32 ちいさな　ふとん	21 おふろそうじ 28 やれば　できるんだ 23 きゅうしょくとうばん 31 せかいの　こどもたち	5　いいことしているのは、だれかな 15 やめなさいよ 9　きんの　おの 24 なわとびカード 18 みんな　じょうず 33 シートンとどうぶつたち	27 にほんの　あそび	2　たのしい　まいにち 8　かぼちゃの　つる 6　おしゃべり 19 わすれていること，なあい 7　どうしてこうなるのかな 17 みんながつかうばしょだから 1　がっこう　だいすき 13 とりかえっこ	12 あさがお 22 ひしゃくぼし
東京書籍	6 はしの　うえの　おおかみ 24 はなばあちゃんが　わらった 30 ぼくの　はな　さいたけど 4 がっこうにはね 12 みんな　だれかに 21 かやねずみの　おかあさん	17 こころはっぱ 29 二わの　ことり 8 みんな　いっしょ 7 ハムスターの　あかちゃん 14 どきどき　どっきんぐ 31 いのちが　あって　よかった	9 うかんだ　うかんだ 19 こぐまの　らっぱ 13 ぼくの　しごと 15 ぼくと　シャオミン	16 ダメ 28 それって，おかしいよ 22 どんぐり 32 あのね 27 ええところ	23 にちようびの　さんぽみち	2 べんきょうが　はじまりますよ 5きを　つけて 18 かぼちゃの　つる 3 あいさつ 25 おうだんほどうで 20 よりみち 26 みんなの　ボール 1 ようこそ，一ねんせい 34 もう　すぐ　二ねんせい	10 ぼくの　あさがお 33 ぼくの　しろくま 11 にじが　でた
学校図書	10 すてきな　まほうつかい 14 はしの上の　おおかみ 4　「ありがとう」をみつけよう 22 まんまるおにぎり	9　二わの　ことり 25 ともだちを　たすけたゾウたち 27 おおい？すくない？ 7　いのちが　いっぱい 11 ハムスターの　あかちゃん 23 かがやけ　いのち　―ちいさないのちのものがたり―	21 カバえんちょう 33 がんばれ　ポポ 5　ぼく　こくばんだよ 31 いって　みたいな，せかいの　くにへ	6　あなたなら，どうする？ 18 すっきり　はればれ 24 学校の　かえりみち 16 金いろの　クレヨン 28 金の　おの 20 すてきな虫，見つけた！	26 むかしあそび	3　みなちゃんの　ふでばこ 8　むしばの　こどもの　たんじょうび 12 かぼちゃの　つる 2　あいさつ 30 大きな　こえで　いえるといいな 15 玉入れ 19 まねっこ 29 おじさんの　てがみ 1　がっこう　だいすき 34 もう　すぐ　二年生	17 がんばれ！車いすの　うさぎ　ぴょんた 13 十四ひきの　お月見 32 ぱちん　ぱちん　きらり
新法則化	①自分のことを知ろう（P. 75〜76） ②ひとりぼっちの子を誘おう（P. 76〜79）	①のうみそくんは知っている（P. 53〜58） ②「Libera」の授業（P. 80〜83）		①努力のつぼ（P. 14〜15）		①してはならないことがあるよ（P. 62〜64） ②「ありがとう」のスキルを学ぶ授業（P. 65〜73）	
TOSSランド	①ありがとう 小林正樹氏 ②原則１ 相手のことを心から考えよう　平松英史氏 ③【動画】親守詩の作り方　水野正司 氏	①道徳『ともだちほしいな　おおかみくん』小林正樹 氏 ②原則２　弱いものをかばおう　北島瑠衣 氏 ③みんなニコニコ笑顔になる「ハッピーレター」を書こう　堀田和秀 氏	①原則3　世のため人のためになることをしよう吉谷亮 氏 ②道徳：ちょボラ 小林正樹 氏 ③献血俳句を作って献血に協力しよう　奥清二郎 氏	①原則４　まず自分にできることをしよう　具志睦 氏 ②きつねは欲張りか　垣内秀明 氏 ③３　力のある資料の威力　河田孝文 氏	①夢の実現（島根発　アニャンゴ授業ファイル）　三島麻美 氏	①道徳：笑顔であいさつ！　小林正樹 氏	

第１学年　ＴＯＳＳ道徳の「生き方五原則」で分類した“内容項目”と“教科書教材”一覧 ②

	1. 相手のことを心から考えよう	2. 弱いものをかばおう	3. 世のため人のためになることをしよう	4. まず自分にできることをしよう	5. 先人に学ぼう	6. ルール・マナーを守ろう	7.その他
主な内容項目	B-(6)親切・思いやり B-(7)感謝 C-(13)家族愛・家庭生活の充実	B-(9)友情・信頼 C-(11)公正・公平・社会正義 D-(17)生命の尊さ	A-(5)希望と勇気・努力と強い意志 C-(12)勤労・公共の精神 C-(16)国際理解・国際親善	A-(1)善悪の判断・自律・自由と責任 A-(2)正直、誠実 A-(4)個性の伸長	C-(15)伝統文化の尊重、国や郷土を愛する態度	A-(3)節度・節制 B-(8)礼儀 C-(10)規則の尊重 C-(14)よりよい学校生活，集団生活の充実	D-(18)自然愛護 D-(19)感動・畏敬の念
学研教育みらい	5　はやとのゴール 16　はちさんのバッチ 28　サバンナの子ども 24　はしの上のおおかみ 30　ないちゃった	8　じゃんけんぽん 9　おじいちゃんのたんざく 14　げんきなてるくんと 20　ノンノン　だいじょうぶ 22　くりのみ 32　二わのことり 33　ハムスターの赤ちゃん	4　ぼくは、きゅうしょくとうばん 17　みらいにむかって 27　ともくんの字 18　となりのジェニーちゃん	2　はりきりいちねんせい 6　きんのおの　ぎんのおの 12　ぼくのこと　きみのこと 13　だれも見ていない 29　うんどうぐつ 34　大すきだから	19　大すき、わたしたちの町	1　あかるいあいさつ 3　かぼちゃのつる 7　めだかのめぐ 11　おかしくないかな 21　じしんがおきて 23　ぽっかぽか 25　みっちゃんのやくそく 31　大あわてのダイブ	10　げんきでね、あげはくん 15　空いろのたまご 26　七つぼし
教育出版	6　おじいちゃん　大すき 12　はしの上のおおかみ 　ねずみくんのきもち 13　おとうさん　ありがとう	7　いっしょにかえろう 　なかなおり 8　ハムスターの赤ちゃん 　いのちのはじまり 　生きているじぶん 16　みんながえがおに	5　おふろばそうじ 15　森のゆうびんやさん 　こくばんとうばん 19　せかいのあいさつ	4　くまさんのおちゃかい 11　ダメ！ 　なんていったらよいのかな 14　わたしのよいところ	14　すきなものを見つけよう （澤穂希） 18　日本のぎょうじ 補がんばれ　まごべえ	1　がっこうだいすき 　たのしいことがいっぱい 2　あいさつの　ことば 3　きもちのよいせいかつ 　ものやおかねをたいせつに 　かぼちゃのつる 10　きいろいベンチ 補　光和小のさくらの木	9　たのしかったハイキング 17　七つのほし 補　大きくそだて、二くみのザリガニ 補　見上げてみよう　よるの空
光文書院	2　がっこうまでの　みち 10　ぼくに　もたせて 14　おとしよりと　いっしょに 29　はしのうえの　おおかみ 30　ぎんの　しずく	1　いっしょに　あそぼう 6　みんな　みんな　いきている 7　おたんじょうびれっしゃ 16　わきだした　みず 22　二わのことり 31　ハムスターのあかちゃん	21　わたしに　できる　こと 26　一にち　十ぷん	9　ぼく　はずかしいや 12　ぼくはいかない 17　ゆうきの　とびら 24　きんの　おの 27　ひつじかいと　おおかみ 28　なまはげ	4　およげ　こいのぼり	3　きちんとね 5　あいさつで　しあわせに 8　みんなでまもろう 11　あおしんごう 13　かぼちゃのつる 15　きいろい　ベンチ 18　ちゃんとの　たつじん① 19　ちゃんとの　たつじん② 25　だいじなわすれもの ◆32　もうすぐ　二ねんせい 33　うわばきぶくろ	20　どうぶつにもこころがある 23　あきの　おくりもの 34　ひしゃくぼし
廣済堂あかつき	・空のクレヨン ・はしの上のおおかみ ・ぼくの花　さいたけど ・いつもありがとう ・大すきなかぞく ・ぼくのおとうさん	・およげないりすさん ・二わのことり ・ちいちゃんとブルくん ・まりちゃんとあさがお ・ハムスターの赤ちゃん ・とく　とく　とく	・うさぎとかめ ・なわとび	・どんないちねんせいになるのかな ・ぽんたとかんた ・けいじばんのらくがき ・ひつじかいのいたずら ・きんのおの ・みんなのはなまる ・せかいが一つに	・みんなのために―フローレンス・ナイチンゲール― ・目じるしの木	・きょうもげんき ・にゃんたくんとみけちゃん ・かぼちゃのつる ・こんなとき　なんていうの ・わんぱく　だいちゃん ・みんなでつかうばしょなのに ・はっぴょうかい ・あぶら山 どきどきわくわくいちねんせい	・虫が大すき―アンリファーブル― ・七つのほし
新法則化	①自分のことを知ろう （P. 75〜76） ②ひとりぼっちの子を誘おう （P. 76〜79）	①のうみそくんは知っている（P. 53〜58） ②「Libera」の授業（P. 80〜83）		①努力のつぼ（P. 14〜15）		①してはならないことがあるよ （P. 62〜64） ②「ありがとう」のスキルを学ぶ授業（P. 65〜73）	
TOSSランド	①ありがとう 小林正樹氏 ②原則１ 相手のことを心から考えよう　平松英史氏 ③【動画】親守詩の作り方 水野正司 氏	①道徳『ともだちほしいな　おおかみくん』小林正樹 氏 ②原則２　弱いものをかばおう 北島瑠衣 氏 ③みんなニコニコ笑顔になる「ハッピーレター」を書こう 堀田和秀 氏	①原則3　世のため人のためになることをしよう吉谷亮 氏 ②道徳：ちょボラ 小林正樹 氏 ③献血俳句を作って献血に協力しよう　奥清二郎 氏	①原則４　まず自分にできることをしよう　具志睦 氏 ②きつねは欲張りか 垣内秀明 氏 ③３　力のある資料の威力 河田孝文 氏	①夢の実現（島根発　アニャンゴ授業ファイル） 三島麻美 氏	①道徳：笑顔であいさつ！ 小林正樹 氏	

（11）二年

第２学年　ＴＯＳＳ道徳の「生き方五原則」で分類した“内容項目”と“教科書教材”一覧 ①

	1. 相手のことを心から考えよう	2. 弱いものをかばおう	3. 世のため人のためになることをしよう	4. まず自分にできることをしよう	5. 先人に学ぼう	6. ルール・マナーを守ろう	7.その他
主な内容項目	B-(6)親切・思いやり B-(7)感謝 C-(13)家族愛・家庭生活の充実	B-(9)友情・信頼 C-(11)公正・公平・社会正義 D-(17)生命の尊さ	A-(5)希望と勇気・努力と強い意志 C-(12)勤労・公共の精神 C-(16)国際理解・国際親善	A-(1)善悪の判断・自律・自由と責任 A-(2)正直、誠実 A-(4)個性の伸長	C-(15)伝統文化の尊重、国や郷土を愛する態度	A-(3)節度・節制 B-(8)礼儀 C-(10)規則の尊重 C-(14)よりよい学校生活、集団生活の充実	D-(18)自然愛護 D-(19)感動・畏敬の念
日本文教出版	8ありがとうって　言われたよ 23くりの　み 26きつねと　ぶどう 27おばあちゃん　お元気ですか 30ぐみの木と　小鳥	1大きく　なったね 6およげない　りすさん 21三びきは　友だち 25やくそく 29ドッジボール 35「生きて　いるから」	5本がかりさん　がんばっているね 12タヒチからの　友だち 17なわとび 31なまけにんじゃ 34森の　ゆうびんやさん ③ハンナの　なみだ	2金の　おの 4ぽんたと　かんた 7いい　ところ　みいつけた 9わりこみ 16お月さまと　コロ 22ある　日の　くつばこで	11ぎおんまつり 13花火に　こめられた　ねがい	3わたしたちの　校歌 14あぶないよ 15一りん車 18きまりの　ない　学校 19たけしの　電話 20おじさんからの　手紙 24どうして　ないてるの 28さて、どうかな 33あいさつがきらいな　王さま ①るっぺ　どうしたの	10虫が　大すき　アンリ・ファーブル 32七つの　星 ②どうぶつの　かくれんぼ
光村図書	2　ぐみの木と小鳥 17　こまっている子が　いるよ 10　ありがとうの手紙 34　一まいの絵 9　ぼくのサッカーシューズ 27　もうすぐお正月	8　ぶらんこ 22　よかったよ 16　およげないりすさん 32　雨ふり 4　がんばれアヌーラ 23　生まれるということ 33　空色の自転車	19　黒板が　にっこりするかな 35　こうさぎとびができた 24　おでこのあせ 31　ぴかぴかがかり 30　日本のお米、せかいのお米	3　つのがついた　かいじゅう 21　教室でのできごと 6　お月さまとコロ 11　すてきなえがお 25　どうして　うまくいかないのかな	7　おり紙の名人－よしざわあきら 29　おせちのひみつ	1　二年生になって 28　お年玉を　もらったけれど 14　あいさつがきらいな王さま 18　あいさつ月間 13　黄色いベンチ 20　どんなきまりがあるのかな 5　しょうかいします 15　クラスの大へんしん	12　かえってきたホタル 26　かさじぞう
東京書籍	2　くまくんの　たからもの 19　かっぱ　わくわく 28　学きゅうえんの　さつまいも 24　じぶんが　しんごうきに 15　だって　おにいちゃんだもん 35　金いろの　まどの　いえ	10　ともだちやもんな，ぼくら 16　森の　ともだち 4　大すきな　フルーツポンチ 11　たんじょう日 22　ぼく 27　ゆきひょうの　ライナ	12　さかあがり　できたよ 31　いま，ぼくに　できる　こと 9　ひろい　せかいの　たくさんの　人たちと	7　わすれられない　えがお 18　おれた　ものさし 23　さるへいと　立てふだ 30　金の　おの 6　ありがとう，りょうたさん	21　ながい　ながい　つうがくろ 29　ぼくは　「のび太」でした	1　じぶんで　オッケー 14　「かむかむメニュー」 34　わがままな　大男 5　いそいで　いても 20　「あいさつ」って　いいな 17　きいろい　ベンチ 32　かくした　ボール 3　ひかり小学校の　じまんはね 26　「三くみ　大すき」	8　げんきに　そだて，ミニトマト 13　まいごに　なった　赤ちゃんくじら 25　七つの　ほし 33　ガラスの　中の　お月さま
学校図書	1　ぼくは　二年生 9　ごめんね，もえちゃん 18　ぐみの木と小鳥 15　きつねとぶどう 30　ぼくにできること	12　ゆっきと　やっち 26　また，あしたね 25　だれからかこうかな 4　生きているって　どんなこと？ 7　たんじょう日にありがとう 20　弟のたんじょう	27　ありときりぎりす 34　だいじょうぶ，キミならできる！ 22　お父さんのあせ 13　かえるのおり紙	5　聞こえなかった　お話 21　思いきって 32　こくばんといちょうの木 19　お月さまとコロ 23　ねこがわらった時 8　はなかっぱの　大ぼうけん	28　もっと知りたい、わたしの町	3　べんきょうが　はじまるよ 14　うさぎのみみた 29　かたづけ名人 24　ごあいさつ　ごあいさつ 31　まいちゃんのえがお 2　こんなことしていないかな？ 6　わすれさられた　しらゆきひめ 17　黄色いベンチ 10　わたしの学校、いい学校 35　けやきの校しょう	16　からすの子 11　とべない　ほたる 33　七つの星
新法則化	①自分のことを知ろう（P. 75～76） ②ひとりぼっちの子を誘おう（P. 76～79）	①のうみそくんは知っている（P. 53～58） ②「Libera」の授業（P. 80～83）		①努力のつぼ（P. 14～15）		①してはならないことがあるよ（P. 62～64） ②「ありがとう」のスキルを学ぶ授業（P. 65～73）	
ＴＯＳＳランド	①ありがとう 小林正樹氏 ②原則１ 相手のことを心から考えよう 平松英史氏 ③相手のことを心から考えた日本人 杉谷英広 氏 ④「天国と地獄」で協力することの大切さを教える 太田政男 氏 ⑤【動画】親守詩の作り方 水野正司 氏	①道徳『ともだちほしいな おおかみくん』 小林正樹 氏 ②原則２ 弱いものをかばおう 北島瑠衣 氏 ③みんなニコニコ笑顔になる「ハッピーレター」を書こう 堀田和秀 氏	①原則3 世のため人のためになることをしよう 吉谷亮 氏 ②道徳：ちょボラ 小林正樹 氏 ③献血俳句を作って献血に協力しよう 奥清二郎 氏	①原則４ まず自分にできることをしよう 具志睦 氏 ②きつねは欲張りか 垣内秀明 氏 ③３ 力のある資料の威力 河田孝文 氏	①夢の実現（島根発 アニャンゴ授業ファイル） 三島麻美 氏	①阪神大震災の授業 福原正教 氏 ②道徳：笑顔であいさつ！ 小林正樹 氏	

第２学年　ＴＯＳＳ道徳の「生き方五原則」で分類した“内容項目”と“教科書教材”一覧 ②

	1. 相手のことを心から考えよう	2. 弱いものをかばおう	3. 世のため人のためになることをしよう	4. まず自分にできることをしよう	5. 先人に学ぼう	6. ルール・マナーを守ろう	7.その他
主な内容項目	B-(6)親切・思いやり B-(7)感謝 C-(13)家族愛・家庭生活の充実	B-(9)友情・信頼 C-(11)公正・公平・社会正義 D-(17)生命の尊さ	A-(5)希望と勇気・努力と強い意志 C-(12)勤労・公共の精神 C-(16)国際理解・国際親善	A-(1)善悪の判断・自律・自由と責任 A-(2)正直、誠実 A-(4)個性の伸長	C-(15)伝統文化の尊重、国や郷土を愛する態度	A-(3)節度・節制 B-(8)礼儀 C-(10)規則の尊重 C-(14)よりよい学校生活、集団生活の充実	D-(18)自然愛護 D-(19)感動・畏敬の念
学研教育みらい	11　ぐみの木と小鳥 12　おふろプール 18　まいごのすず 30　きつねとぶどう 33　公園のおにごっこ	2　きれいな羽 3　およげないりすさん 14　ぴよちゃんとひまわり 17　竹馬とーりん車 21　せかいでいちばん大切なもの 25　つくえふき 28　だっこしながら	6　がんばれ　ポポ 13　森のみんなと 15　行ってみたいな	4　子だぬき　ポン 10　メイとケンブ 16　水の広場 19　きらきらみずき 27　みかんの木の寺 34　みんなのニュースがかり 35　ぞうさんの歌と絵	20　おらもいしゃになる 26　せかいのなかまと石川佳純 29　大きくなあれ　しあわせになあれ	1　わたしの学校 5　青いアルバム 7　黄色いベンチ 8　お兄ちゃん、しっかり 22　オレンジ色の木のみ 23　グローブのへんしん 31　広がるあいさつ	9　しぜんのいのち 24　ごめんね、みなみ 32　ころきちのバイオリン
教育出版	9　電車の中できゅう食当番 12　ぼくもがんばるよ 14　ありがとうはだれがいう？きつねとぶどう	4　たっくんもいっしょに 7　みほちゃんととなりのせきのますだくん 　およげないりすさん 8　金のおの 16　いまのぼく、むかしのぼくせい長かいだん 補　いただきます	6　あと少しはりきりパンダとだらだらパンダ 10　とおるさんのゆめ 15　ゆかみがき 19　大切な国旗と国歌	11　ぽんたとかんたつよいこころ	18　日本のたから　富士山 補　虫が大好き「アンリ・ファーブル」 補　あがれ、大だこ	2　知らない人にもれいぎ正しいあいさつ 3　よいのかなみんなのものって？ 5　るっぺどうしたのわたしだけの　かばん教えていいのかな 13　大なわ大会	1　春がいっぱい 17　しあわせの王子 補　み近な自ぜん体けん 補　雨上がりの空に
光文書院	4　げんかんそうじ 9　ぐみの木と小鳥 15　おじいさん、おばあさん 21　雨の日の　みちあんない 23　はたけの　先生 26　小さな　ゆきうさぎ	7　おとうとのたんじょう 16　きょうから　ともだち 20　一まいの　しゃしん 31　モムンとヘーテ 32　わたしのものがたり 33　わたしの　力	24　わたしたちも　しごとをしたい 29　おりがみめいじん	10　おもいきって 11　ねこが　わらった 18　くつかくし 19　レッドカード	13　かいらんばん 17　ぼくの　町も、ひかってる！	1　できるね　ポンタくん 2　そこだね　ポンタくん 3　おもいきっていってごらん 5　学校　大すき 8　くろぶたの　しっぽい 14　ピーマンとよふかし大まおう 22　みんなが　きもちよく 25　ほんとうに　ほしいもの 28　あいさつって　なあに 30　なまけにんじゃ 34　おとす人、ひろう人	◆6　とりのたまごーアンリ・ファーブルー 12　ひかりのほし 27しあわせの　王子
廣済堂あかつき	・あおいはりっぱな二年生 ・ぐみの木と小鳥 ・こんなときどうするの ・お手紙　書いたよ ・おばあちゃんのおふろ ・きつねとぶどう	・言えなかったことば ・森のともだち ・だれにたくさんあげようかな ・おはかまいり ・いのちをかんじて ・なつこが生まれたころ	・みんなのニュースがかり ・せかいは　つながっている	・ぬれた　ボール ・ポケット　二つ ・カメタの　なみだ ・ねこが　わらった ・お月さまとコロ ・とべないペンギンくん	・自分できめたことだから一福原愛一 ・小さな力のつみかさね一二宮金次郎一 ・ぎおんまつり ・楽しいお正月	・るっぺどうしたの ・あゆくんとカレーライス ・えんぴつは何さい ・たびに出て ・ふわふわことば　ちくちくことば ・みんなが気もちよく ・黄色いベンチ ・おじさんの手紙 ・わたしの学校　いい学校	・キリンのみなみ ・しあわせの王子
新法則化	①自分のことを知ろう（P. 75～76） ②ひとりぼっちの子を誘おう（P. 76～79）	①のうみそくんは知っている（P. 53～58） ②「Libera」の授業（P. 80～83）		①努力のつぼ（P. 14～15）		①してはならないことがあるよ（P. 62～64） ②「ありがとう」のスキルを学ぶ授業（P. 65～73）	
ＴＯＳＳランド	①ありがとう 小林正樹氏 ②原則１ 相手のことを心から考えよう　平松英史氏 ③相手のことを心から考えた日本人　杉谷英広 氏 ④「天国と地獄」で協力することの大切さを教える　太田政男 氏 ⑤【動画】親守詩の作り方　水野正司 氏	①道徳『ともだちほしいな　おおかみくん』　小林正樹 氏 ②原則２　弱いものをかばおう　北島瑠衣 氏 ③みんなニコニコ笑顔になる「ハッピーレター」を書こう　堀田和秀 氏	①原則3　世のため人のためになることをしよう　吉谷亮 氏 ②道徳：ちょボラ 小林正樹 氏 ③献血俳句を作って献血に協力しよう　奥清二郎 氏	①原則４　まず自分にできることをしよう　具志睦 氏 ②きつねは欲張りか　垣内秀明 氏 ③３　力のある資料の威力　河田孝文 氏	①夢の実現（島根発　アニャンゴ授業ファイル）　三島麻美 氏	①阪神大震災の授業　福原正教 氏 ②道徳：笑顔であいさつ！　小林正樹 氏	

(三) 三年

第3学年 TOSS道徳の「生き方五原則」で分類した“内容項目”と“教科書教材”一覧 ①

	1. 相手のことを心から考えよう	2. 弱いものをかばおう	3. 世のため人のためになることをしよう	4. まず自分にできることをしよう	5. 先人に学ぼう	6. ルール・マナーを守ろう	7.その他
主な内容項目	B-(7)親切・思いやり B-(8)感謝 B-(10)相互理解、寛容 C-(14)家族愛・家庭生活の充実	B-(9)友情・信頼 C-(12)公正・公平・社会正義 D-(18)生命の尊さ	A-(5)希望と勇気・努力と強い意志 C-(13)勤労・公共の精神 C-(17)国際理解・国際親善	A-(1)善悪の判断・自律・自由と責任 A-(2)正直、誠実 A-(4)個性の伸長	C-(16)伝統文化の尊重、国や郷土を愛する態度	A-(3)節度・節制 B-(8)礼儀 C-(11)規則の尊重 C-(15)よりよい学校生活，集団生活の充実	D-(19)自然愛護 D-(20)感動・畏敬の念
日本文教出版	9おじいちゃんとの楽しみ 16バスの中で 18お母さんのせいきゅう書 25いつもありがとう 28きっぷ売り場で 31心をしずめて	1赤ちゃんもごはん 食べてるよね 4さと子の落とし物 19同じなかまだから 20お父さんからの手紙 30ぼくのボールだ 33たっきゅうは四人まで ①沢村投手のボール ②助かった命	10うまくなりたいけれど 15同じ小学校でも 24なんにも仙人 26がんばれ友ちゃん 34木の中にバットが見える	2三年生は上級生？ 3ごめんね 5石ころを見つめてみたら… 17お母さんの「ふふふ」 23まどガラスと魚	8ふろしき 13「おもてなし」ってなあに	6学級しょうかい 7もっと調べたかったから 11ちゃんと使えたのに 14どんどん橋のできごと 21足りない気持ちは何だろう 22みんなのわき水 27ぼくを動かすコントローラー 29ジュースのあきかん 35れいぎ正しい人	12ごめんね、サルビアさん 32光の星 ③富士と北斎
光村図書	16 持ってあげる？食べてあげる？ 29 みんながくらしやすい町 8 とくジーのおまじない 33 ありがとうの気持ちを込めて 15 水やり係 21 日曜日の公園で 28 百六才、おめでとう、ひいばあちゃん 34 漢字に思いをこめて	3 ヌチヌグスージー命の祭り 5 友だち屋 20 目の前は青空 14 なおとからのしつもん 30 道夫とぼく 9 大切なものは何ですか 17 生きてるなかま	35 スーパーパティシエ物語 11 マリーゴールド 22 係の仕事に取り組むときに 27 マサラップ	4 たった一言 13 よわむし太郎 24 よごれた絵 7 「わたしらしさ」をのばすために 18 三年元気組	6 ぬれてしまった本 ―エイブラハム=リンカーン 26 ふろしき	2 やめられない 19 黄金の魚 23 あいさつ名人 10 きまりのない国 32 かるた遊び 1 よろしくギフト 25 学校のぶどう	12 ヤゴ救出大作戦 31 まわりを見つめて
東京書籍	1 やさしい人大さくせん 14 一さつのおくりもの 27 六べえじいとちよ 35 大通りのサクラなみ木 19 耳の聞こえないお母さんへ 29 ぼくのおばあちゃん	3 ヌチヌグスージ（いのちのまつり） 7 いいち，にいっ，いいち，にいっ 17 なかよしだから 9 みさきさんのえがお 21 いただいたいのち 32 おじいちゃん，おばあちゃん，見ていてね	20 一りん車にのれた 34 まけるものか 11 ごみステーション 22 ことぶき園に行ったよ 13 三つの国	10 二つの声 23 ＳＬ公園で 12 一本のアイス 16 ぬれた本 28 じゃがいもの歌	24 ぼくのおべんとう 33 ふるさといいとこさがし	5 ゆうすけの朝 18 こうすけならだいじょうぶ 2 あいさつをすると 8 きまりじゃないか 25 黄色いかさ 6 しょうたの手紙	4 ツバメの赤ちゃん 15 ホタルの引っこし 26 百羽のツル 31 しあわせの王子
学校図書	12 思いやりがあふれる町 29 さしのべた右うで 34 千羽づるのおみまい 8 ありがとう大塚さん 22 なかよしタイム 3 ﾌﾞﾗｯﾄﾞﾚｰのせいきゅう書 32 たんじょう会のおにぎり	2 貝がら 14 ナホとメグーいつもいっしょだねー 18 同じなかまだから 30 大なわとび 6 ふしぎのふしぎ 10 さいたよ、光祐君のｱｻｶﾞｵ 20 ヒキガエルとロバ	11 ぼくらは小さなかにはかせ 23 父が教えてくれたもの 15 カンボジアから来た転校生	4 よわむし太郎 13 キウイフルーツのたなの下で 21 びしょぬれの本 25 まどガラスと魚	28 清のゆめ―山下清― 17 ゆめを追って―本田宗一郎― 27 おばあちゃんのおせち	1 めざまし時計 7 金色の魚 31 良太のるすばん 26 言葉のまほう 5 あめ玉 9 ワールドカップのごみ拾い 19 もどらない本 35 お父さんとぼくの学校	16 森のいのち 33 花さき山 24 幸せの王子
新法則化	①「人を思いやる優しさ」を教える授業（P. 90～93）	①のうみそくんは知っている（P. 53～58） ②「グループに入れない」ときの授業（P. 87～89） ③いのちのバトン「相田みつを」の詩（P. 98～101） ④いじめ抑止の授業（P. 132～136） ⑤わたしのせいじゃない（P. 143～145）	①アイマスクの授業（P. 47～49）	①努力のつぼ（P. 14～15）	①「高橋尚子」の授業（P. 84～86） ②「古市忠夫」の授業（P. 102～105）	①探すか、探さないか。（P. 59～61）	①ペーパータワー（P. 50～52） ②「木育」の授業（P. 94～97）
向山TOSSランド実践	①盲導犬サーブの授業 細井信克氏 ②原則１ 相手のことを心から考えよう 平松英史氏 ③ありがとう 小林正樹氏 ④相手のことを心から考えた日本人 杉谷英広 氏 ⑥【動画】親守詩の作り方 水野正司 氏	①岩根小学校「心の教育フェスティバル」での授業（向山洋一全集46 P. 115～142） ②「命」の授業（向山洋一全集46 P. 147～150） ③３年道徳「ヌチヌグスージ」（光村図書） 青山侑哉 氏 ④原則２ 弱いものをかばおう 北島瑠衣 氏 ⑤たったひとつのたからもの 奥清二郎 氏 ⑥みんなニコニコ笑顔になる「ハッピーレター」を書こう 堀田和秀 氏 ⑦友だちっていいよ 五十嵐貴弘 氏	①原則3 世のため人のためになることをしよう 吉谷亮 氏 ②道徳：ちょボラ 小林正樹 氏 ③こころのバリアフリー 高野宏子 氏 ④献血俳句を作って献血に協力しよう 奥清二郎 氏 ⑤討論で盛り上がる「アリとキリギリス」の授業 堀田和秀 氏	①原則４ まず自分にできることをしよう 具志睦 氏 ②三「ごまかしたり、嘘をついたりしない」という生き方 河田孝文 氏 ③３ 力のある資料の威力 河田孝文 氏 ④「火の鳥」で人間の「生きがい」とは何かを考える授業 門間政博 氏	①夢の実現 高橋尚子 田村亮子 イチローより 大恵信昭 氏 ②夢の実現（島根発 アニャンゴ授業ファイル） 三島麻美 氏	①道徳：笑顔であいさつ！ 小林正樹 氏	

第3学年　TOSS道徳の「生き方五原則」で分類した“内容項目”と“教科書教材”一覧 ②

	1. 相手のことを心から考えよう	2. 弱いものをかばおう	3. 世のため人のためになることをしよう	4. まず自分にできることをしよう	5. 先人に学ぼう	6. ルール・マナーを守ろう	7.その他
主な内容項目	B-(7)親切・思いやり B-(8)感謝 B-(10)相互理解、寛容 C-(14)家族愛・家庭生活の充実	B-(9)友情・信頼 C-(12)公正・公平・社会正義 D-(18)生命の尊さ	A-(5)希望と勇気・努力と強い意志 C-(13)勤労・公共の精神 C-(17)国際理解・国際親善	A-(1)善悪の判断・自律・自由と責任 A-(2)正直、誠実 A-(4)個性の伸長	C-(16)伝統文化の尊重、国や郷土を愛する態度	A-(3)節度・節制 B-(8)礼儀 C-(11)規則の尊重 C-(15)よりよい学校生活，集団生活の充実	D-(19)自然愛護 D-(20)感動・畏敬の念
学研教育みらい	9　一まいの銀貨 14　新かん線で 24　ぽかぽか言葉 29　かねつきどう 33　みんなの学級会	1　貝がら 5　目の見えない犬 10　明るくなった友だち 15　ひきがえるとろば 17　六さいのおよめさん 20　しんぱんは自分たちで 23　絵葉書と切手 25　パラリンピックにねがいをこめて	6　アメリカから来たサラさん 26　わらじ作り 28　メッセージ	8　あと、ひと言 16　心にひびくかねの音 18　鬼太郎をかいたゲゲさん 35　言い出せなくて	4　ソフトボールで金メダルを上野由岐子 7　フローレンス・ナイチンゲール物語 21　心をつないだ合言葉 30　すきなことだから　高橋尚子物語 34　にんじんのかざり切り	2　あめ玉 3　金色の魚 11　見つからないリコーダー 13　なかよしポスト 19　エチケットかるた 31　家のパソコンで	12　天の川 27　ハチドリのひとしずく 32　幸福の王子
教育出版	2　気づく心 わたしたちの「わ」 3　今度はぼくの番かな 6　わたしの妹　かな 20　公園のひみつ 補　おいしいきゅう食	11　悪いのはわたしじゃない ドッジボール大会 14　光祐くんのアサガオ ヒキガエルとロバ 16　たっ球は四人まで	12　楽しめばすきになる 18　ぴっかぴか 19　いつかオーストラリアへ	9　ぼくらしさってなんだろう 10　自分をコントロール よわむし太郎 17　まどガラスと魚	7　エイサーの心 わたしの見たニッポン 12　世の中のために（西郷隆盛） 補　昔からの味をつたえる野さい 補　お祭りにこめられている思い	1　あなたならできる おそろしいゲームいぞん ロバを売りにいく親子 5　えがおいっぱい 8　三本のかさ どうしていけないのかな 15　新関係 補　時を計り、時を生かす 補　音のこうずい	4　ベランダのツバメ 13　花さき山
光文書院	6　わたしのしたこと 8　おじいさんとぼく 12　お年よりって、すごいなあ 25　ぼうや、生きていてくれよ ◆26　お母さん、かぜでねこむ ―ちびまる子ちゃん― 35　ありがとうな、ありがとうな	7　大きな木 14　ないた赤おに 16　いのちのまつり 17　いただきます 18　ぼくは　何を 30　大切ないのち 34　赤い灯　ゆれろ	9　しごとチェンジ 10　係活動ダイヤモンド 13　はた・らく 19　ぼくらは小さなかにはかせ ◆28　こまったときは、おたがいさま	3　千ばづる 24　思い切って言ったらどうなるの？	◆1　世界一うつくしい体そうをめざして（内村航平） 11　キツネおどり 21　ぼくは、太郎山	4　電話のおじぎ 5　心の優先席 15　やくそくだもん 22　ぼくのたからもの 23　いちょうの木をまもるために 27　生きたれいぎ 29　太郎のいどう教室 31　なんでくん ◆32　こまるのはだれ？これでいいのかな？ 33　なるほどね	2　植物のふしぎ 20　花さき山
廣済堂あかつき	・親切の旅 ・落ちていたきっぷ ・拾ったりんご ・この一食のために ・治作と右平 ・ぼくがいるよ ・ブラッドレーのせいきゅう書	・貝がら ・森のげいじゅつてん ・たん生日おめでとう ・すずむし	・ぶどう畑のたからもの ・青い目のお友だち	・よわむし太郎 ・きよしのなやみ ・近くの火事 ・窓ガラスと魚 ・ぬれた本 ・いいね！	・きっとできる―高橋尚子― ・光るえんがわ―北里柴三郎― ・母の背中―渋沢栄一― ・村をすくった「長十郎なし」 ・ふろしき ・電池が切れるまで	・夜ふかししたら ・金色の魚 ・電話のおじぎ ・心と形が一つになって ・やくそくやきまりを守って ・みんなのわき水 ・あめ玉 ・学級自まん集会	・大自然のお客さん ・百羽のツル
新法則化	①「人を思いやる優しさ」を教える授業（P. 90～93）	①のうみそくんは知っている（P. 53～58） ②「グループに入れない」ときの授業（P. 87～89） ③いのちのバトン「相田みつを」の詩（P. 98～101） ④いじめ抑止の授業（P. 132～136） ⑤わたしのせいじゃない（P. 143～145）	①アイマスクの授業（P. 47～49）	①努力のつぼ（P. 14～15）	①「高橋尚子」の授業（P. 84～86） ②「古市忠夫」の授業（P. 102～105）	①探すか、探さないか。（P. 59～61）	①ペーパータワー（P. 50～52） ②「木育」の授業（P. 94～97）
TOSSランド向山実践	①盲導犬サーブの授業　細井信克氏 ②原則1　相手のことを心から考えよう　平松英史氏 ③ありがとう　小林正樹氏 ④相手のことを心から考えた日本人　杉谷英広 氏 ⑥【動画】親守詩の作り方　水野正司 氏	①岩根小学校「心の教育フェスティバル」での授業（向山洋一全集46 P. 115～142） ②「命」の授業（向山洋一全集46 P. 147～150） ③3年道徳「ヌチヌグスージ」（光村図書）　青山侑哉 氏 ④原則2　弱いものをかばおう　北島瑠衣 氏 ⑤たったひとつのたからもの　奥清二郎 氏 ⑥みんなニコニコ笑顔になる「ハッピーレター」を書こう　堀田和秀 氏 ⑦友だちっていいよ　五十嵐貴弘 氏	①原則3　世のため人のためになることをしよう　吉谷亮 氏 ②道徳：ちょボラ　小林正樹 氏 ③こころのバリアフリー　高野宏子 氏 ④献血俳句を作って献血に協力しよう　奥清二郎 氏 ⑤討論で盛り上がる「アリとキリギリス」の授業　堀田和秀 氏	①原則4　まず自分にできることをしよう　具志睦 氏 ②三「ごまかしたり、嘘をついたりしない」という生き方　河田孝文 氏 ③3　力のある資料の威力　河田孝文 氏 ④「火の鳥」で人間の「生きがい」とは何かを考える授業　門間政博 氏	①夢の実現　高橋尚子　田村亮子　イチローより　大恵信昭 氏 ②夢の実現（島根発　アニャンゴ授業ファイル）　三島麻美 氏	①道徳：笑顔であいさつ！　小林正樹 氏	

(四) 四年

第４学年　ＴＯＳＳ道徳の「生き方五原則」で分類した“内容項目”と“教科書教材”一覧 ①

	1. 相手のことを心から考えよう	2. 弱いものをかばおう	3. 世のため人のためになることをしよう	4. まず自分にできることをしよう	5. 先人に学ぼう	6. ルール・マナーを守ろう	7.その他
主な内容項目	B-(7)親切・思いやり B-(8)感謝 B-(10)相互理解、寛容 C-(14)家族愛・家庭生活の充実	B-(9)友情・信頼 C-(12)公正・公平・社会正義 D-(18)生命の尊さ	A-(5)希望と勇気・努力と強い意志 C-(13)勤労・公共の精神 C-(17)国際理解・国際親善	A-(1)善悪の判断・自律・自由と責任 A-(2)正直、誠実 A-(4)個性の伸長	C-(16)伝統文化の尊重、国や郷土を愛する態度	A-(3)節度・節制 B-(8)礼儀 C-(11)規則の尊重 C-(15)よりよい学校生活、集団生活の充実	D-(19)自然愛護 D-(20)感動・畏敬の念
日本文教出版	1朝がくると 6ちこく 13家族の一員として 14心と心のあく手 23にぎりしめた　いね 30わかっているはずだから 34三つのつつみ	3ヒキガエルとロバ 4あいさつができた 7決めつけないで 11いのりの手 19いじりといじめ 20絵はがきと切手 35お母さん　なかないで ③かわいそうなぞう	8海をこえて 12ぼくの草取り体験 15がむしゃらに 28ネコの手ボランティア 29四二・一九五キロ ①うれしい六着 ②いろいろな食べ方	9つくればいいでしょ 16さち子のえがお 18遠足の朝 26新次のしょうぎ 31よわむし太郎	22お父さんのじまん 27浮世絵	2目覚まし時計 10雨のバスていりゅう所で 21ほんとうに上手な乗り方とは 24交かんメール 32フィンガーボール 33金色の魚	5小さな草たちにはく手 17聞かせて、君の声を！ 25花さき山
光村図書	9　本当の思いやり 31　思いやりのかたち 10　ぼくたちのバラ花だん 35　朝がくると 17　つまらなかった 32　学級会での出来事 22　ブラッドレーのせい求書 28　弟のふろ入れ	2　絵はがきと切手 13　泣いた赤おに 14　ひとりぼっちのYちゃん 30　ちょっと待ってよ 4　生きているしるし 24　生き物と機械 33　おじいちゃんの　ごくらくごくらく	27　より遠くへ 8　琵琶湖のごみ拾い 34　神戸のふっこうは、ぼくらの手で 26　わたしの大切なもの	5　言わなきゃ 29　スーパーモンスターカード 3　「正直」五十円分 1　世界に一つだけの花 15　みんなちがって、みんないい	23　なしの実―アンリ＝ファーブル 16　祭りだいこ	7　目覚まし時計 19　心のブレーキ 21　土曜日の学校 12　このままにしていたら 20　雨のバス停留所で 6　みんな、待っているよ 18　わたしたちの校歌	11　いのちをつなぐ卵 25　花さき山
東京書籍	3　なにかお手つだいできることはありますか？ 25　ゆうきの心配 33　ポロといっしょ 22　しょうぼうだんのおじいさん 24　お母さんのせいきゅう書 26　千春とわたし	19　ぼくらだってオーケストラ 29　大きな絵はがき 7　となりのせき 9　わたしの見つけた小さな幸せ 18　バルバオの木	2　ぼくのへんしん 32　いつかにじをかける 11　「もっこ」をせおって 34　点字メニューにちょうせん 30　世界の小学生	1　ドッジボール 14　全校遠足とカワセミ 5　ひびが入った水そう 15　「あかいセミ」 16　うめのき村の四人兄弟	8　ふろしき 20　ふるさとを守った大イチョウ 31　走れ江ノ電　光の中へ	10　いっしょになって、わらっちゃだめだ 28　目ざまし時計 27　「ありがとう」の言葉 17　日曜日のバーベキュー 35　雨のバスていりゅう所で 23　秋空にひびくファンファーレ	4　また来年も待ってるよ 13　「ふれあいの森」で 12　一ぴきのセミに「ありがとう」 21　花さき山
学校図書	2　ぼくのちかい 12　ええことするのは、ええもんや！ 29　心を結ぶ一本のロープ 34　だがし屋のおばあちゃん 26　話し合いでのできごと 15　ベッドの上の花ふぶき 35　みそしると自転車	8　ともだちやもんな、ぼくら 14　絵葉書と切手 22　ないた赤おに 23　ひとりぼっちの登君 24　いのちのおはなし 33　いのちのまつり	13　できるようになりたい 25　ゆめに向かって、ジャンプ 30　姉妹で運ぶ物資と笑顔 9　歯がぬけたら	7　ふりだした雨 31　近道 1　われた花びん 21　なしの実 28　本当に好きなことは	27　荏川桜 20　電池が切れるまで	4　アスレチック公園 11　この水着で 17　少しだけなら 18　生きた礼ぎ 3　黄色いボール 19　ごみ出しの手伝いをして 32　雨のバスていりゅう所で 5　学校じまん集会	10　森の木はうたうよ 6　十才のプレゼント 16　ひさの星
新法則化	①「人を思いやる優しさ」を教える授業（P. 90～93）	①のうみそくんは知っている（P. 53～58） ②「グループに入れない」ときの授業（P. 87～89） ③いのちのバトン「相田みつを」の詩（P. 98～101） ④いじめ抑止の授業（P. 132～136） ⑤わたしのせいじゃない（P. 143～145）	①アイマスクの授業（P. 47～49）	①努力のつぼ（P. 14～15）	①「高橋尚子」の授業（P. 84～86） ②「古市忠夫」の授業（P. 102～105）	①探すか、探さないか。（P. 59～61）	①ペーパータワー（P. 50～52） ②「木育」の授業（P. 94～97）
向山実践 TOSSランド	①原則１　相手のことを心から考えよう　平松英史 氏 ②ありがとう　小林正樹 氏 ③「ありがとう」の授業　田村治男 氏 ④相手のことを心から考えた日本人　杉谷英広 氏 ⑤【動画】親守詩の作り方　水野正司 氏 ⑥将君のホームページ　高橋恒久 氏	①岩根小学校「心の教育フェスティバル」での授業（向山洋一全集46 P. 115～142） ②「命」の授業（向山洋一全集46 P. 147～150） ③原則２　弱いものをかばおう　北島瑠衣 氏 ④たったひとつのたからもの　奥清二郎 氏 ⑤みんなニコニコ笑顔になる「ハッピーレター」を書こう　堀田和秀 氏 ⑥「あやちゃんの贈り物」～木田孝一氏の追試～　高丸和哉 氏 ⑦友だちっていいよ　五十嵐貴弘 氏	①アイマスクで視覚不自由の体験をする　小林正快 氏 ②点字を知り、身近な点字を見つけよう（ミニランド）　平田純也 氏 ③原則3　世のため人のためになることをしよう　吉谷亮 氏 ④道徳：ちょボラ　小林正樹 氏 ⑤討論で盛り上がる「アリとキリギリス」の授業　堀田和秀 氏 ⑤こころのバリアフリー　高野宏子 氏 ⑥ボランティア精神を育てる道徳授業　松崎力 氏 ⑦献血俳句を作って献血に協力しよう　奥清二郎 氏	①原則４　まず自分にできることをしよう　具志睦 氏 ②三「ごまかしたり、嘘をついたりしない」という生き方　河田孝文 氏 ③きつねは欲張りか　垣内秀明 氏 ④３　力のある資料の威力　河田孝文 氏 ⑤「火の鳥」で人間の「生きがい」とは何かを考える授業　門間政博 氏	①江ノ電の授業５　４年地域単元　先人の業績　藤沢市　小川幸一 氏 ②星野富弘さんから学ぶ生き方　恩田真希 氏 ③夢の実現　高橋尚子　田村亮子　イチローより　大恵信昭 氏 ④夢の実現（島根発　アニャンゴ授業ファイル）　三島麻美 氏	①「ありがとう」が言えるようになろう　須貝誠 氏 ②一秒の言葉　許鐘萬 氏 ③雨のバス停留所　門間政博 氏 ④道徳：笑顔であいさつ！　小林正樹 氏 ⑤非行に歯止めをかけるのは教師の仕事だ　北島瑠衣 氏	

第４学年　ＴＯＳＳ道徳の「生き方五原則」で分類した“内容項目”と“教科書教材”一覧　②

	1. 相手のことを心から考えよう	2. 弱いものをかばおう	3. 世のため人のためになることをしよう	4. まず自分にできることをしよう	5. 先人に学ぼう	6. ルール・マナーを守ろう	7.その他
主な内容項目	B-(7)親切・思いやり B-(8)感謝 B-(10)相互理解、寛容 C-(14)家族愛・家庭生活の充実	B-(9)友情・信頼 C-(12)公正・公平・社会正義 D-(18)生命の尊さ	A-(5)希望と勇気・努力と強い意志 C-(13)勤労・公共の精神 C-(17)国際理解・国際親善	A-(1)善悪の判断・自律・自由と責任 A-(2)正直、誠実 A-(4)個性の伸長	C-(16)伝統文化の尊重、国や郷土を愛する態度	A-(3)節度・節制 B-(8)礼儀 C-(11)規則の尊重 C-(15)よりよい学校生活、集団生活の充実	D-(19)自然愛護 D-(20)感動・畏敬の念
学研教育みらい	9　心の信号機 10　心と心のあく手 13　温かい言葉 14　お母さんのせい求書 30　へらぶなつり 34　谷川岳に生きたドクター	3　おばあちゃん、がんばれんご 11　泣いた赤おに 20　いのりの手 22　えがおのクリニクラウン 23　わたしのいのち 25　えっ、どうして	16　へこたれない　きせきのりんご 17　国のちがいをこえて 29　神戸のふっこうは、ぼくらの手で	1　百点を十回取れば 7　クラスたいこう全員リレー 15　友達が泣いている 24　花をさかせた水がめの話 28　カマキリ 35　ばんざい大きな花まる	2　たな田が変身 4　ヘレン・ケラー物語 12　レスリングの女王　吉田沙保里 19　不思議なふろしき 26　なみだとえがおの「なでしこジャパン」 27　アメリカとの出会い ジョン万次郎のぼうけん	8　思いがけないあいさつ 6　道子の赤い自転車 18　友達のしょうこ 32　雨のバス停流所で 33　かべに付けた手のあと	5　花さき山 21　うみがめの命 31　石っこけんさん
教育出版	1　つながるやさしさ 心と心のあく手 9　学校の歴史 13　ブラッドレーのせい求書 お父さんのラーメンがいちばん 19　わかってくれてありがとう	6　プロレスごっこ 12　仲間だから 絵はがきと切手 20　おばあちゃんとの思い出	10　かっこいいせなか 17　世界の子どもたちのために	3．ほっとけないよ 14　ゆめに向かって泳ぐ（寺川綾） 16　だまっていればわからない	2　ゆめは世界一のプロ野球マスコット（島野修） 10　二宮金次郎の働き 一歩一歩の積み重ね（伊能忠敬） 18　日本人が世界に広めたすごいもの やっぺし 20　命（宮越由起奈） 補　ゆう便の父（前島密） 補　日本人の手でオルガンを（山葉寅楠） 補　かことげんざいがともに生きる町 補　生がいを通じてわたしには歌があった（海峰義美）	5　学校の自まんを大切に 7　目覚まし時計 守りたい自分のじょうほう 8　あいさつでつながる かわいくない 11　雨のバス停りゅう所で	4　十才のプレゼント 15　タイガとココア
光文書院	5　すてきなおくりもの 6　お母さんのせいきゅう書 ◆11　かさ ◆16　石油列車、東北へ向かって走れ！ 19　せきがあいているのに 30　レスキュー隊 31　五百人からもらった命 32　元気がいちばん	1　ぼくの生まれた日ードラえもんー 3　ブラジルからの転入生 18　誠の絆 22　祭り日 23　仲間がいるから 24　協力調査隊 25　ケンくんのこと	2　みんなのためにできること 34　おはし、ちゃんと使えないの	8　サッカーボール 15　ぼくはMVP 12　わたしのゆめ	13　新しい町・ぼくたちの町 14　郷土の祭りや行事 26　ノーベル賞の生みの親 ーアルフレッド・ノーベルー	◆4　さか上がり 7　タイムくん 9　どっちがいいか 10　自分たちにできるエコ活動 17　心の温度計 21　図書館で 27　あ・い・う・え・おはよう 29　雨のバスていりゅう所で 33　こう太のなやみ 35　『なごみ』のある温泉浴場	5　十才のプレゼント 20　鳥にのこしたかきのみ 28　百羽のつる
廣済堂あかつき	・心と心のあく手 ・真心を伝えるコミュニケーション ・一まいの写真から ・朝がくると ・すれちがい ・ぼくの生まれた日	・同じ仲間だから ・絵葉書と切手 ・お母さん泣かないで ・ヒキガエルとロバ ・人間愛の金メダル	・文字を書く喜び ・わり切れない気持ち ・李さんのおひさまスープ	・おたまじゃくしの世話 ・げんたの消しごむ ・正しいことは勇気をもって ・「正直」五十円分 ・新次のしょうぎ ・明の長所	・ゆめはみるものではなく、かなえるもの一澤穂希一 ・わたしにはゆめがある ーマーティン ルーサー キング ジュニアー ・妙見山のちかいー岩崎弥太郎ー ・ふるさとにとどけ、希望の舞ー羽生結弦ー ・日本の伝とう文化	・目覚まし時計 ・少しだけなら ・言葉のまほう ・フィンガーボール ・もどらない本 ・雨のバス停りゅう所で ・時計係 ・みんな待ってるよ	・ごめんね、オオキンケイギク ・花さき山
新法則化	①「人を思いやる優しさ」を教える授業（P. 90～93）	①のうみそくんは知っている（P. 53～58） ②「グループに入れない」ときの授業（P. 87～89） ③いのちのバトン「相田みつを」の詩（P. 98～101） ④いじめ抑止の授業（P. 132～136） ⑤わたしのせいじゃない（P. 143～145）	①アイマスクの授業（P. 47～49）	①努力のつぼ（P. 14～15）	①「高橋尚子」の授業（P. 84～86） ②「古市忠夫」の授業（P. 102～105）	①探すか、探さないか。（P. 59～61）	①ペーパータワー（P. 50～52） ②「木育」の授業（P. 94～97）
TOSSランド 向山実践	①原則１　相手のことを心から考えよう　平松英史 氏 ②ありがとう　小林正樹 氏 ③「ありがとう」の授業　田村治男 氏 ④相手のことを心から考えた日本人　杉谷英広 氏 ⑤【動画】親守詩の作り方　水野正司 氏 ⑥将君のホームページ　高橋恒久 氏	①岩根小学校「心の教育フェスティバル」での授業（向山洋一全集46 P. 115～142） ②「命」の授業（向山洋一全集46 P. 147～150） ③原則２　弱いものをかばおう　北島瑠衣 氏 ④たったひとつのたからもの　奥清二郎 氏 ⑤みんなニコニコ笑顔になる「ハッピーレター」を書こう　堀田和秀 氏 ⑥「あやちゃんの贈り物」高丸和哉 氏 ⑦友だちっていいよ　五十嵐貴弘 氏	①アイマスクで視覚不自由の体験をする　小林正快 氏 ②点字を知り、身近な点字を見つけよう（ミニランド）平田純也 氏 ③原則3　世のため人のためになることをしよう　吉谷亮 氏 ④道徳：ちょボラ　小林正樹 氏 ⑤討論で盛り上がる「アリとキリギリス」の授業　堀田和秀 氏 ⑥こころのバリアフリー　高野宏子 氏 ⑦ボランティア精神を育てる道徳授業　松崎力 氏	①原則４　まず自分にできることをしよう　具志睦 氏 ②三「ごまかしたり、嘘をついたりしない」という生き方　河田孝文 氏 ③きつねは欲張りか　垣内秀明 氏 ④３　力のある資料の威力　河田孝文 氏 ⑤「火の鳥」で人間の「生きがい」とは何かを考える授業　門間政博 氏	①江ノ電の授業５　４年地域単元　先人の業績　藤沢市　小川幸一 氏 ②星野富弘さんから学ぶ生き方　恩田真希 氏 ③夢の実現　高橋尚子　田村亮子　イチローより　大恵信昭 氏 ④夢の実現（島根発　アニャンゴ授業ファイル）　三島麻美 氏	①「ありがとう」が言えるようになろう　須貝誠 氏 ②一秒の言葉　許鍾萬 氏 ③雨のバス停留所　門間政博 氏 ④道徳：笑顔であいさつ！　小林正樹 氏 ⑤非行に歯止めをかけるのは教師の仕事だ　北島瑠衣 氏	

(五) 五年

第５学年　ＴＯＳＳ道徳の「生き方五原則」で分類した“内容項目”と“教科書教材”一覧 ①

	1. 相手のことを心から考えよう	2. 弱いものをかばおう	3. 世のため人のためになることをしよう	4. まず自分にできることをしよう	5. 先人に学ぼう	6. ルール・マナーを守ろう	7.その他
主な内容項目	B-(7)親切・思いやり B-(8)感謝 B-(11)相互理解、寛容 C-(15)家族愛・家庭生活の充実	B-(10)友情・信頼 C-(13)公正・公平・社会正義 D-(19)生命の尊さ	A-(5)希望と勇気・努力と強い意志 C-(14)勤労・公共の精神 C-(18)国際理解・国際親善	A-(1)善悪の判断・自律・自由と責任 A-(2)正直、誠実 A-(4)個性の伸長	A-(6)真理の追究 C-(17)伝統文化の尊重、国や郷土を愛する態度 D-(22)よりよく生きる喜び	A-(3)節度・節制 B-(9)礼儀 C-(12)規則の尊重 C-(17)よりよい学校生活、集団生活の充実	D-(20)自然愛護 D-(21)感動・畏敬の念
日本文教出版	6やさしいユウちゃん 17折れたタワー 23家族のために 24ありがとうの心 27くずれ落ちただんボール箱 29すれちがい ①なくしたかぎ	2「命」 5名前のない手紙 7古いバケツ 28「太陽のようなえがお」が命をつなぐ 30知らない間のできごと 32これって不公平？ ①なくしたかぎ ②友のしょうぞう画	9サタデーグループ 22父の仕事 25ペルーは泣いている 34マインツからの便り	12ぼくの夏休み大作戦 15のりづけされた詩 18うばわれた自由	1のび太に学ぼう 4マンガ家　手塚治虫 10和太鼓調べ 16ヘレンと共に アニー・サリバン 19美しい夢－ゆめぴりか－ 31天から送られた手紙 35かぜのでんわ ③命の種を植えたい－緒方洪庵－	3あいさつ運動 8たのむよ、班長 13いつものひなん訓練 14通学路 20流行おくれ 26ふぶきの中で「ありがとう」 33住みよいマンション ④ふくらんだリュックサック	11母さんの歌 21ひとふみ十年
光村図書	22 道案内 28 マークが伝えるもの 9 水がわたる橋－通潤橋 34 おばあちゃんからもらった命 4 すれちがい 21 ブランコ乗りとピエロ 8 祖母のりんご	14 絵地図の思い出 19 友のしょうぞう画 5 どうすればいいのだろう 31 だれもが幸せになれる社会を 32 「同じでちがう」	1 夢を実現するためには 33 クール・ボランティア 27 小さな国際親善大使	23 いこいの広場 29 うばわれた自由 20 千羽づる 18 「自分らしさ」を見つめよう	24 世界最強の車いすテニスプレーヤー－国枝慎吾 17 真の看護を求めて－ナイチンゲール 10 曲げわっぱから伝わるもの 26 おおきに、ありがとう 6 命の詩－電池が切れるまで 25 最後のコンサート－チェロ奏者・徳永兼一郎 35 アンパンマンがくれたもの	2 流行おくれ 13 命を守る防災訓練 7 あいさつって 16 公園のきまりを作ろう 30 お客様 3 わたしは飼育委員 15 ケンタの役割	11 一ふみ十年 12 宇宙から見えたもの
東京書籍	9 ノンステップバスでのできごと 26 くずれ落ちただんボール箱 1 「ありがとう上手」に 16 お父さんのおべんとう	23 心のレシーブ 32 友の命 8 転校生がやってきた 11 おばあちゃんが残したもの 24 コースチャぼうやを救え 30 クマのあたりまえ	2 いつも全力で 6 お父さんは救急救命士 21 わたしのボランティア体験 17 「折り紙大使」 31 同じ空の下で	4 遠足の子どもたち 3 見えた答案 27 感動したこと，それがぼくの作品	20 ベートーベン 25 正月料理 28 親から子へ，そして孫へと 29 「百才のふたごしまい」きんさん・ぎんさん	22 流行おくれ 18 オーストラリアで学んだこと 5 駅前広場はだれのもの 14 これって「けんり」？これって「ぎむ」？ 12 かれてしまったヒマワリ 35 バトンをつなげ	10 一ふみ十年 34 イルカの海を守ろう 7 ひさの星 33 一本松は語った
学校図書	11 運転手さんのひとこと 26 本物のプレゼント 14 心にかける屋根シート 5 すれちがい 32 ブランコ乗りとピエロ 9 ベルフラワー	8 言葉のおくりもの 24 猛火の中で 30 氷原を走る犬ぞり 33 たったひとつのたからもの	21 今しかできないことをがんばって！ 31 一朶の雲 29 命を預かる鉄道員の使命 12 ゴールデンルール 23 ブータンに日本の農業を	4 マメちゃんの幸せ 17 うばわれた自由 13 手品師 28 明の長所	25 見えない人に幸せを 22 マリアン・アンダーソン 15 日本のナイチンゲール 16 土俵を造る－土俵築－ 19 ちんもくのメッセージ 35 百一才の富士	1 ごちそうの向こうに 7 たんていのつもりが… 2 あいさつの力 3 ふくらんだリュックサック 18 夕焼けチャイム 6 今度はわたしたちの番 34 みんなで「ありがとう　六年生！」	10 一ふみ十年 20 サケをよぶ森 27 不思議な顔
新法則化	①江戸しぐさから○○しぐさを考える（P. 42～46） ②みすゞさんを通して伝えたい心（P. 111～113） ③本当の思いやりについて考える授業（P. 114～116）	①のうみそくんは知っている（P. 53～58） ②アジアの子ども達に学ぶ（P. 117～120） ③いじめ抑止の授業（P. 132～142）	①日本人は世界で一番好かれている（P. 10～11） ②夢をかなえるために（P. 106～110）	①メンタル・マネージメント（P. 12～13） ②努力のつぼ（P. 14～15）	①東日本大震災の授業（P. 124～127） ②地雷を通して平和について考える（P. 128～131） ③強い心を育てる「いじめ抑止」の授業（P. 146～149）	①探すか、探さないか。（P. 59～61）	①ペーパータワー（P. 50～52） ②よみがえれアホウドリ（P. 121～123）
TOSSランド 向山実践	①原則１　相手のことを心から考えよう　平松英史氏 ②ありがとう　小林正樹氏 ③「ありがとう」の授業　田村治男 氏 ④相手のことを心から考えた日本人　杉谷英広 氏 ⑤【動画】親守詩の作り方　水野正司 氏 ⑥将君のホームページ　高橋恒久 氏	①岩根小学校「心の教育フェスティバル」での授業（向山洋一全集46 P. 115～142） ②「命」の授業（向山洋一全集46 P. 147～150） ③原則２　弱いものをかばおう　北島瑠衣 氏 ④たったひとつのたからもの　奥清二郎 氏 ⑤みんなニコニコ笑顔になる「ハッピーレター」を書こう　堀田和秀 氏 ⑦友だちっていいよ　五十嵐貴弘 氏	①修学旅行・社会見学でバリアフリーを見つけよう　川原雅樹 氏 ②道徳：ちょボラ　小林正樹 氏 ③原則3　世のため人のためになることをしよう　吉谷亮 氏 ④こころのバリアフリー　高野宏子 氏 ⑤ボランティア精神を育てる道徳授業　松崎力 氏 ⑥討論で盛り上がる「アリとキリギリス」の授業　堀田和秀 氏 ⑦献血俳句を作って献血に協力しよう　奥清二郎 氏	①原則４　まず自分にできることをしよう　具志睦 氏 ②三「ごまかしたり、嘘をついたりしない」という生き方　河田孝文 氏 ③きつねは欲張りか　垣内秀明 氏 ④３　力のある資料の威力　河田孝文 氏 ⑤「火の鳥」で人間の「生きがい」とは何かを考える授業　門間政博 氏	①「速くわかる」ことはよいことかの授業（向山洋一全集46 P. 143～147） ②正月料理　小松俊介 氏 ③レーナマリアさんの生き方に学ぶ　原田朋哉 氏 ④命の授業　松崎力 氏 ⑤鍵山秀三郎氏の生き方に学ぶ　鈴木恒太 氏 ⑥少年の夢（イチロー選手の作文から学ぶ）溝口佳成 氏 ⑦困難に立ち向かい心を育てる道徳授業　松崎力 氏 ⑧夢の実現　高橋尚子　田村亮子　イチローより　大恵信昭 氏 ⑩奇跡的勝利を支えたラグビー日本代表の君が代　塩谷直大 氏 ⑪夢の実現（島根発　アニャンゴ授業ファイル）　三島麻美 氏	①一秒の言葉　許鐘萬 氏 ②ネット利用の著作権について　戸村隆之 氏 ③道徳：笑顔であいさつ！　小林正樹 氏 ④ルールを教える－人のズボンを脱がしてはならない　河田孝文 氏 ⑤ルールを教える－嫌がっている人に無理矢理何かをさせることは、「罪」である　河田孝文 氏 ⑥非行に歯止めをかけるのは教師の仕事だ　北島瑠衣 氏	

第５学年　ＴＯＳＳ道徳の「生き方五原則」で分類した“内容項目”と“教科書教材”一覧 ②

	1. 相手のことを心から考えよう	2. 弱いものをかばおう	3. 世のため人のためになることをしよう	4. まず自分にできることをしよう	5. 先人に学ぼう	6. ルール・マナーを守ろう	7.その他
主な内容項目	B-(7)親切・思いやり B-(8)感謝 B-(11)相互理解、寛容 C-(15)家族愛・家庭生活の充実	B-(10)友情・信頼 C-(13)公正・公平・社会正義 D-(19)生命の尊さ	A-(5)希望と勇気・努力と強い意志 C-(14)勤労・公共の精神 C-(18)国際理解・国際親善	A-(1)善悪の判断・自律・自由と責任 A-(2)正直、誠実 A-(4)個性の伸長	A-(6)真理の追究 C-(17)伝統文化の尊重、国や郷土を愛する態度 D-(22)よりよく生きる喜び	A-(3)節度・節制 B-(9)礼儀 C-(12)規則の尊重 C-(17)よりよい学校生活，集団生活の充実	D-(20)自然愛護 D-(21)感動・畏敬の念
学研教育みらい	9　台湾からの転入生 12　ぼくがいるよ 22　すれちがい 26　銀のしょく台 27　崩れ落ちただんボール箱 29　思いもよらぬ出来事 30　おじいさんのあたたかな目	5　友のしょう像画 10　言葉のおくりもの 20　母とながめた一番星 25　二十分間の出来事	23　この思いをフェルトペンにたくして 34　ペルーは泣いている	1　人生という教科 13　植物とともに　牧野富太郎 16　手品師 24　うばわれた自由 31　おもしろければいいの	6　電池が切れるまで 8　心の中のりゅう 15　美徳を守る人 17　日本の「まんがの神様」 18　世界に羽ばたく「航平ノート」 19　太平洋のかけ橋　新渡戸稲造 32　わたしはひろがる 33　もう一つの塔	2　ぬぎすてられたくつ 4　お客様 14　どろだらけのユニフォーム 28　森の絵	3　もったいない 7　フジの新しいおびれ 35　アルソミトラの空
教育出版	6　ほのぼのテスト 15　わたしにできることを 20　銀のしょく台 補　この空は遠い日本とつながっている（和田重次郎）	5　ロレンゾの友達 　知らない間のできごと 13　オオカミから教えられたこと 14　だれかをきずつける機械ではない	9　横浜港のガンマンの思い 21　ブータンに日本の農業を（西岡京治） 　青い目の人形	1　今度こそ！ 3　たからもの 7　参考にするだけなら 8　新幹線開発物語（三木忠直） 　長嶋茂雄の人生は七転び八起き 　自転車への限りない夢（豊田喜一郎）	4　志高く、今を熱く生きる（渋沢栄一） 　思いをつないで 14　モントゴメリーのバス（キング牧師） 17　二億人を救った科学者（大村智） 18　悲願の金メダル（上野由起子） 22　花に思いをこめて（星野富弘） 補　世界文化遺産、姫路城を守る 補　下町ボブスレー 補　一人はみんなのために…（元木由記雄）	2　心をつなぐあいさつ 10　ある朝のできごと 11　図書館はだれのもの 　ルールだから守らなければならない 12　森の絵	16　稲むらの火 19　トキのまう空（近辻宏帰） 補　知床の自然
光文書院	5　すてきなおくりもの 9　まかせてみようよ 10　みんなの劇 16　学級新聞作り ◆18　助け合い傘 21　家族の紹介	3　一枚の写真から 9　ガンジーのいかり 14　「スイミー作戦」「ガンジー作戦」 20　ミレーとルソー 29　「持ち味」を生かして 34　命をかけて命を守る―山岳警備隊― 35　生きる力を引き出す笑い	6　母の仕事 ◆11　ホペイロのヤマさん 15　弘君の委員会活動 18　いっしょに何をしようかな 31　富士観測所をつくるために	7　チャイさんのマンゴー 32　心の管理人 19　短所も長所	2　氷上の挑戦―浅田真央― ◆1　帰ってきた、はやぶさ 17　世界の文化遺産 23　やめることはできない―ユニセフ親善大使　黒柳徹子 24　助け合う気持ち―ボランティア元年― 25　ちひろの思い 26　わたしたちの町って	4　ひみつのトレーニング 10　日本の心とかたち―真・行・草― 28　学校紹介のホームページ 30　救急車 33　セルフジャッジ	22　星が光った 27　自然を守るエゾリス
廣済堂あかつき	・バスと赤ちゃん ・ちゃんとやれよ、健太 ・くずれ落ちただんボール箱 ・小さかったお返し ・半助の投げあみ ・ぼくの名前よんで ・ごめんね、おばあちゃん	・章太と孝治―二つのえがお― ・友のしょう像画 ・魚の世界 ・自分の番　命のバトン ・その思いを受けついで ・明日もまた生きていこう	・牛乳配り	・うばわれた自由 ・金曜日の班活動 ・だれも知らないニュース ・かすみのハンカチ ・妹のカード ・グラウンドにひびく声	・イチロー選手のグローブ ・ヘレンとともに―アニー・サリバン― ・はじめての実験―山中伸弥― ・日本のよさを知って ・時計台の鐘 ・明日をひらく橋―西岡京治― ・銀のしょく台	・流行おくれ ・だれにでもある、こんな心 ・礼儀作法にこめられた心 ・法やきまりはだれのもの ・ぼくは伴走車 ・木造校舎の思い出をむねに	・一ふみ十年 ・百一さいの富士―奥村土牛―
新法則化	①江戸しぐさから○○しぐさを考える（P. 42～46） ②みすゞさんを通して伝えたい心（P. 111～113） ③本当の思いやりについて考える授業（P. 114～116）	①のうみそくんは知っている（P. 53～58） ②アジアの子ども達に学ぶ（P. 117～120） ③いじめ抑止の授業（P. 132～142）	①日本人は世界で一番好かれている（P. 10～11） ②夢をかなえるために（P. 106～110）	①メンタル・マネージメント（P. 12～13） ②努力のつぼ（P. 14～15）	①東日本大震災の授業（P. 124～127） ②地雷を通して平和について考える（P. 128～131） ③強い心を育てる「いじめ抑止」の授業（P. 146～149）	①探すか、探さないか。（P. 59～61）	①ペーパータワー（P. 50～52） ②よみがえれアホウドリ（P. 121～123）
TOSSランド向山実践	①原則１　相手のことを心から考えよう　平松英史氏 ②ありがとう　小林正樹氏 ③「ありがとう」の授業　田村治男 氏 ④相手のことを心から考えた日本人　杉谷英広 氏 ⑤【動画】親守詩の作り方　水野正司 氏 ⑥将君のホームページ　高橋恒久 氏	①岩根小学校「心の教育フェスティバル」での授業（向山洋一全集46 P. 115～142） ②「命」の授業（向山洋一全集46 P. 147～150） ③原則２　弱いものをかばおう　北島瑠衣 氏 ④たったひとつのたからもの　奥清二郎 氏 ⑤みんなニコニコ笑顔になる「ハッピーレター」を書こう　堀田和秀 氏 ⑦友だちっていいよ　五十嵐貴弘 氏	①修学旅行・社会見学でバリアフリーを見つけよう　川原雅樹 氏 ②道徳：ちょボラ　小林正樹 氏 ③原則3　世のため人のためになることをしよう　吉谷亮 氏 ④こころのバリアフリー　高野宏子 氏 ⑤ボランティア精神を育てる道徳授業　松崎力 氏 ⑥討論で盛り上がる「アリとキリギリス」の授業　堀田和秀 氏 ⑦献血俳句を作って献血に協力しよう　奥清二郎 氏	①原則４　まず自分にできることをしよう　具志睦 氏 ②三「ごまかしたり、嘘をついたりしない」という生き方　河田孝文 氏 ③きつねは欲張りか　垣内秀明 氏 ④3　力のある資料の威力　河田孝文 氏 ⑤「火の鳥」で人間の「生きがい」とは何かを考える授業　門間政博 氏	①「速くわかる」ことはよいことかの授業（向山洋一全集46 P. 143～147） ②正月料理　小松俊介 氏 ③レーナマリアさんの生き方に学ぶ　原田朋哉 氏 ④命の授業　松崎力 氏 ⑤鍵山秀三郎氏の生き方に学ぶ　鈴木恒太 氏 ⑥少年の夢（イチロー選手の作文から学ぶ）溝口佳成 氏 ⑦困難に立ち向かい心を育てる道徳授業　松崎力 氏 ⑧夢の実現　高橋尚子　田村亮子　イチローより　大恵信昭 氏 ⑩奇跡的勝利を支えたラグビー日本代表の君が代　塩谷直大 氏 ⑪夢の実現（島根発　アニャンゴ授業ファイル）　三島麻美 氏	①一秒の言葉　許鍾萬 氏 ②ネット利用の著作権について　戸村隆之 氏 ③道徳：笑顔であいさつ！　小林正樹 氏 ④ルールを教える－人のズボンを脱がしてはならない　河田孝文 氏 ⑤ルールを教える－嫌がっている人に無理矢理何かをさせることは、「罪」である　河田孝文 氏 ⑥非行に歯止めをかけるのは教師の仕事だ　北島瑠衣 氏	

(六) 六年

第６学年　ＴＯＳＳ道徳の「生き方五原則」で分類した“内容項目”と“教科書教材”一覧 ①

	1. 相手のことを心から考えよう	2. 弱いものをかばおう	3. 世のため人のためになることをしよう	4. まず自分にできることをしよう	5. 先人に学ぼう	6. ルール・マナーを守ろう	7.その他
主な内容項目	B-(7)親切・思いやり B-(8)感謝 B-(11)相互理解、寛容 C-(15)家族愛・家庭生活の充実	B-(10)友情・信頼 C-(13)公正・公平・社会正義 D-(19)生命の尊さ	A-(5)希望と勇気・努力と強い意志 C-(14)勤労・公共の精神 C-(18)国際理解・国際親善	A-(1)善悪の判断・自律・自由と責任 A-(2)正直、誠実 A-(4)個性の伸長	A-(6)真理の追究 C-(17)伝統文化の尊重、国や郷土を愛する態度 D-(22)よりよく生きる喜び	A-(3)節度・節制 B-(9)礼儀 C-(12)規則の尊重 C-(17)よりよい学校生活、集団生活の充実	D-(20)自然愛護 D-(21)感動・畏敬の念
日本文教出版	10心づかいと思いやり 11おかげさまで 22「ダン」をどうする？ 29ブランコ乗りとピエロ 34最後のおくり物	2命のアサガオ 5言葉のおくり物 17ロレンゾの友達 27その思いを受けついで 30わたしのせいじゃない ①門番のマルコ ③創志くんと子牛	28 iPS細胞の向こうに 33自分にできること ②ロングシュート		1スポーツの力 8ぼくのお茶体験 19地球を一周歩いた男-伊能忠敬- 21杉原千畝-大勢の人の命を守った外交官- 25天下の名城をよみがえらせる-姫路城- 26エルトゥールル号-日本とトルコのつながり- 35のぼさんの夢-正岡子規-	6母校大発見 7クラスのきまり 12カスミと携帯電話 18みんなで劇を作ろう 23自分を守る力って？ 31人間をつくる道-剣道- 32税金ってだれのため？	20緑の闘士-ワンガリ・マータイ- 24青の洞門 ④杉山の声を聞く画家-豊田三郎-
光村図書	15 今度は、ぼくの番 32 最後のおくり物 26 五十五年目の恩返し 34 「ありがとう」の気持ちを伝える 10 みんな、おかしいよ！ 23 どうすればいいの？ 33 ぼくの名前呼んで	13 コスモスの花 21 ロレンゾの友達 14 泣き虫 29 私には夢がある 12 命の旅 25 命のつながり 31 おじいちゃんとの約束	18 小川笙船 19 「働く」ってどういうこと？ 27 ブータンに日本の農業を	8 マイルール 28 気に入らなかった写真 22 手品師 4 ぬくもり	3 自分を信じて－鈴木明子 17 日本植物分類学の父－牧野富太郎 20 ようこそ、菅島へ！ 30 エルトゥールル号－友好の始まり 24 マザー＝テレサ 1 まどさんからの手紙－こどもたちへ一さいから百さいの夢	5 なれなかったリレーの選手 6 「すんまへん」でいい 2 世界人権宣言から学ぼう 7 ここを走れば 9 子ども会のキャンプ 16 六年生の責任って？	11 海のゆりかご－アマモの再生
東京書籍	7 車いすでの経験から 28 心に通じた「どうぞ」のひとこと 9 土石流の中で救われた命 4 おばあちゃんのさがしもの	10 ばかじゃん！ 18 言葉のおくりもの 12 命の重さはみな同じ 19 お母さんへの手紙 30 東京大空襲の中で	16 心をつなぐ音色 31 夢 3 うちら“ネコの手”ボランティア 34 桜守の話 8 白旗の少女 13 エンザロ村のかまど	14 修学旅行の夜 20 手品師 2 あこがれのパティシエ	5 白神山地 6 愛華さんからのメッセージ 21 田中正造 24 新しい日本に	17 お母さん，お願いね 29 「すんまへん」でいい 1 心を形に 11 ピアノの音が…… 15 空きかんのゆくえ 22 せんぱいの心を受けついで 33 小さな連絡船「ひまわり」	27 タマゾン川 25 夜空 32 青の洞門
学校図書	4 すり切れたわらじ 14 思いやりのかたち 26 おばあさんの新聞 18 高とびの選手はだれがなる 31 銀のしょく台 9 その思いを受け継いで	2 友の肖像画 3 さわってごらん、ぼくの顔 6 命をつなげ！ドクターヘリ 24 カザルスの鳥の歌 33 火の夜の赤ちゃん	1 折り紙でたくさんの笑顔を 28 平和への祈りを舞踊にこめて 12 美しい空の勇者 22 オリンピックのくれたもの 19 ペルーは泣いている	17 私の知らないところで 34 羊飼いの指輪 21 ヤクーバとライオン 11 作業服のノーベル賞	25 雪の写真家ベントレー 10 小石丸がつなぐ千年の糸 23 米百俵 16 エルトゥールル号のきせき 35 マザー・テレサ	7 だから言ったのに 13 天災は忘れたころにやってくる 8 人間をつくる道－剣道－ 15 イエローカード 29 放置自転車 5 星野君の二塁打 32 だれが拾うの？	20 人と自然と 27 山の畑には草をしけ 30 青の洞門
新法則化	①江戸しぐさから○○しぐさを考える（P. 42～46） ②みすゞさんを通して伝えたい心（P. 111～113） ③本当の思いやりについて考える授業（P. 114～116）	①のうみそくんは知っている（P. 53～58） ②アジアの子ども達に学ぶ（P. 117～120） ③いじめ抑止の授業（P. 132～142）	①日本人は世界で一番好かれている（P. 10～11） ②夢をかなえるために（P. 106～110）	①メンタル・マネージメント（P. 12～13） ②努力のつぼ（P. 14～15）	①東日本大震災の授業（P. 124～127） ②地雷を通して平和について考える（P. 128～131） ③強い心を育てる「いじめ抑止」の授業（P. 146～149）	①探すか、探さないか。（P. 59～61）	①ペーパータワー（P. 50～52） ②よみがえれアホウドリ（P. 121～123）
TOSSランド向山実践	①車椅子の介助の仕方を知る授業　上木信弘 氏 ②原則１　相手のことを心から考えよう　平松英史 氏 ③相手のことを心から考えた日本人　杉谷英広 氏 ④卒業前「狼に育てられた少女」で家族に感謝　太田政男 氏 ⑤【動画】親守詩の作り方　水野正司 氏 ⑥将君のホームページ　高橋恒久 氏	①岩根小学校「心の教育フェスティバル」での授業（向山洋一全集46 P. 115～142） ②「命」の授業（向山洋一全集46 P. 147～150） ③原則２　弱いものをかばおう　北島瑠衣 氏 ④のうみそくんは知っている　西岡美香氏 ⑤アンパンマンの姿から自己犠牲について考える 上野一幸氏 ⑥たったひとつのたからもの　奥清二郎 氏 ⑦みんなニコニコ笑顔になる「ハッピーレター」を書こう　堀田和秀 氏 ⑦友だちっていいよ　五十嵐貴弘 氏	①原則3　世のため人のためになることをしよう　吉谷亮 氏 ②道徳：ちょボラ 小林正樹 氏 ③こころのバリアフリー　高野宏子 氏 ④ボランティア精神を育てる道徳授業　松崎力 氏 ⑤討論で盛り上がる「アリとキリギリス」の授業　堀田和秀 氏 ⑥献血俳句を作って献血に協力しよう　奥清二郎 氏	①原則４　まず自分にできることをしよう　具志睦 氏 ②「足太いね」の授業　吉原尚寛 氏 ③わたしのせきにんじゃない－せきにんについて－戸崎恵氏 ④三「ごまかしたり，嘘をついたりしない」という生き方　河田孝文 氏 ⑤きつねは欲張りか　垣内秀明 氏 ⑥３　力のある資料の威力　河田孝文 氏 ⑦「火の鳥」で人間の「生きがい」とは何かを考える授業　門間政博 氏	①「速くわかる」ことはよいことかの授業（向山洋一全集46 P. 143～147） ②命の授業　松崎力 氏 ③鍵山秀三郎氏の生き方に学ぶ　鈴木恒太 氏 ④少年の夢（イチロー選手の作文から学ぶ）溝口佳成 氏 ⑤困難に立ち向かい心を育てる道徳授業　松崎力 氏 ⑥夢の実現　高橋尚子　田村亮子　イチローより　大恵信昭 氏 ⑦伝統文化の尊重で「愛国心」は育つ　河田孝文 氏 ⑧奇跡的勝利を支えたラグビー日本代表の君が代　塩谷直大 氏 ⑨夢の実現（島根発　アニャンゴ授業ファイル）　三島麻美 氏	①ルールの大切さを教える　河田孝文 氏 ②道徳：笑顔であいさつ！　小林正樹 氏 ③ルールを教える－人のズボンを脱がしてはならない　河田孝文 氏 ④ルールを教える－嫌がっている人に無理矢理何かをさせることは、「罪」である　河田孝文 氏 ⑤非行に歯止めをかけるのは教師の仕事だ　北島瑠衣 氏	①副読本「青の洞門」で討論を仕組む　岩清水裕行 氏

第６学年　ＴＯＳＳ道徳の「生き方五原則」で分類した“内容項目”と“教科書教材”一覧 ②

	1. 相手のことを心から考えよう	2. 弱いものをかばおう	3. 世のため人のためになることをしよう	4. まず自分にできることをしよう	5. 先人に学ぼう	6. ルール・マナーを守ろう	7.その他
主な内容項目	B-(7)親切・思いやり B-(8)感謝 B-(11)相互理解、寛容 C-(15)家族愛・家庭生活の充実	B-(10)友情・信頼 C-(13)公正・公平・社会正義 D-(19)生命の尊さ	A-(5)希望と勇気・努力と強い意志 C-(14)勤労・公共の精神 C-(18)国際理解・国際親善	A-(1)善悪の判断・自律・自由と責任 A-(2)正直、誠実 A-(4)個性の伸長	A-(6)真理の追究 C-(17)伝統文化の尊重、国や郷土を愛する態度 D-(22)よりよく生きる喜び	A-(3)節度・節制 B-(9)礼儀 C-(12)規則の尊重 C-(17)よりよい学校生活, 集団生活の充実	D-(20)自然愛護 D-(21)感動・畏敬の念
学研教育みらい	8　ある日、町の中で 11　お別れ会 16　はじめてのアンカー 25　ブランコ乗りとピエロ 30　行為の意味 34　最後のおくり物	10　その思いを受けついで 15　ロレンゾの友達 18　ひとみと厚 20　命を見つめて 28　ラッシュアワーの惨劇	4　ホワイトハウスにできた柔道場 12　米作りがアフリカを救う 14　ミッキーマウスの誕生 26　市民に愛される動物園を目指して	1　自分は自分 6　移動教室の夜 17　のりづけされた時 24　会話のゆくえ 31　鬼の銀蔵	3　こだわりのイナバウアー 9　古きよき心 13　どれい解放の父　リンカン 21　マザー・テレサ 22　光をともした「魔法の薬」 23　小川笙船 27　大みそかの朝に 29　熊野の森を守る　南方熊楠 32　ラグビー日本代表のかがやき	2　どんな心が見えますか 7　食べ残されたえびになみだ 33　心にふく風	5　チョモランマ清掃登山隊 19　美しいお面 35　青の洞門
教育出版	2　父の言葉（黒柳徹子） 9　ブランコ乗りとピエロ 17　志を得ざれば、再びこの地を踏まず（野口英世）	3　絵地図の思いで 友達だからこそ 12　ひきょうだよ 21　生かされている「大切な命」（石上智康）	1　人生を変えるのは自分（蓑田加子） 5　青い海を取り戻せ 13　心つながり、えがお広がり、世界へはばたく	4　手品師 7　山中伸弥先生の快挙 18　うばわれた自由 卒業に向けて 補　「しかみ像」に込められた思い（徳川家康）	1　志を立てる（松下幸之助） 10　祖国にオリンピックを（和田勇） 米百票（小林虎三郎） 11　日本を守るために（勝海舟、西郷隆盛） 六千人の命のビザ（杉原千畝） 13　究極の理想「平和」を求めて（新渡戸稲造） 20　ひたすらに、自分の心に従って（棟方志功） 22　天から送られた手紙（中谷宇吉郎） 補　東の羽生、西の村山（村山聖） 補　世の中のためになることをしたい（石橋正二郎） 補　西陣織を受け継ぐ 補　アイヌのほこり（宇佐照代）	6　食事中のメール 安全についてみんなで考えてやってみよう 8　応援団の旗 15　礼ぎ作法と茶道 19　情報について考えよう	14　百一才の富士（奥村土牛） 16　フラスコで育てた花
光文書院	◆18　あやまってすむことじゃない ◆18　かっこいいお父さん 22　松井さんの笑顔 26　藤井駅のホームでのできごと 30　最後のひと葉	3　陽子、ドンマイ！ 4　班長になってよかったな 9　妹の手紙 17　自然のゆりかご 28　森川君のうわさ 31　生命のメッセージ 32　命と向き合う人生 33　ともに前進し続ける一井上怜奈一	10　鑑真和上 23　フーバーさん	5　本屋のお姉さん 34　大空に飛び立つ鳥	1　よみがえった速球一藤川球児一 12　町おこしプラン 13　きみの声が聞きたい 16　夢に向かって一三浦雄一郎一 19　お茶の心 25　すあしにサンダルの天使 一マザー・テレサ一 27　誠実な人一吉田松陰一 29　これが日本	◆2　温かいおまんじゅう 7　「マナーからルールへ、そしてマナーへ」 8　いらなくなったきまり 11　ぞうきんがけ 14　規則正しい生活はすべての基本 21　花びんのあるある駅	6　地球があぶない 15　海に生きるおじいちゃん 20　いちばん近い自然・里山 35　青の洞門
廣済堂あかつき	・おばあちゃんの指定席 ・車いすの少女 ・「がんばる」はぼくの宿題 ・最後のおくりもの ・ブランコ乗りとピエロ ・二六五×十四回分のありがとう ・はじめてのアンカー	・章太と孝治一かげぼうし一 ・ロレンゾの友達 ・苦い思い出 ・七十八円の命 ・メジロ ・星への手紙	・夢に向かって ・ぼくの仕事は便所そうじ	・さとるの夏、みきおの夏 ・自由だからこそ ・頂上はすぐそこに ・手品師 ・兵後さんのパラリンピック ・心は変わる	・未来を変える挑戦 一スティーブ・ジョブズ一 ・この本のすべてを 一「解体新書」の誕生一 ・ヤリガンナー西岡常一一 ・高らかにひびけ ・太平洋の橋になりたい一新渡戸稲造一 ・花のき村と盗人たち	・達也さんの転校 ・二つの「もったいない」 ・客には言わんのですか ・自由という名の席 ・星野君の二るい打 ・ひるがえる校章旗	・地球の時間、ヒトの時間 ・青の洞門
新法則化	①江戸しぐさから○○しぐさを考える（P. 42～46） ②みすゞさんを通して伝えたい心（P. 111～113） ③本当の思いやりについて考える授業（P. 114～116）	①のうみそくんは知っている（P. 53～58） ②アジアの子ども達に学ぶ（P. 117～120） ③いじめ抑止の授業（P. 132～142）	①日本人は世界で一番好かれている（P. 10～11） ②夢をかなえるために（P. 106～110）	①メンタル・マネージメント（P. 12～13） ②努力のつぼ（P. 14～15）	①東日本大震災の授業（P. 124～127） ②地雷を通して平和について考える（P. 128～131） ③強い心を育てる「いじめ抑止」の授業（P. 146～149）	①探すか、探さないか。（P. 59～61）	①ペーパータワー（P. 50～52） ②よみがえれアホウドリ（P. 121～123）
向山・TOSSランド実践	①車椅子の介助の仕方を知る授業　上木信弘 氏 ②原則1　相手のことを心から考えよう　平松英史 氏 ③相手のことを心から考えた日本人　杉谷英広 氏 ④卒業前「狼に育てられた少女」で家族に感謝　太田政男 氏 ⑤【動画】親守詩の作り方　水野正司 氏 ⑥将君のホームページ　高橋恒久 氏	①岩根小学校「心の教育フェスティバル」での授業（向山洋一全集46 P. 115～142） ②「命」の授業（向山洋一全集46 P. 147～150） ③原則2　弱いものをかばおう　北島瑠衣 氏 ④のうみそくんは知っている　西岡美香氏 ⑤アンパンマンの姿から自己犠牲について考える　上野一幸氏 ⑥たったひとつのたからもの　奥清二郎 氏 ⑦みんなニコニコ笑顔になる「ハッピーレター」を書こう　堀田和秀 氏 ⑦友だちっていいよ　五十嵐貴弘 氏	①原則3　世のため人のためになることをしよう　吉谷亮 氏 ②道徳：ちょボラ　小林正樹 氏 ③こころのバリアフリー　高野宏子 氏 ④ボランティア精神を育てる道徳授業　松崎力 氏 ⑤討論で盛り上がる「アリとキリギリス」の授業　堀田和秀 氏 ⑥献血俳句を作って献血に協力しよう　奥清二郎 氏	①原則4　まず自分にできることをしよう　具志睦 氏 ②「足太いね」の授業　吉原尚寛 氏 ③わたしのせきにんじゃない一せきにんについて一戸崎恵氏 ④三「ごまかしたり、嘘をついたりしない」という生き方　河田孝文 氏 ⑤きつねは欲張りか　垣内秀明 氏 ⑥3　力のある資料の威力　河田孝文 氏 ⑦「火の鳥」で人間の「生きがい」とは何かを考える授業　門間政博 氏	①「速くわかる」ことはよいことかの授業（向山洋一全集46 P. 143～147） ②命の授業　松崎力 氏 ③鍵山秀三郎氏の生き方に学ぶ　鈴木恒太 氏 ④少年の夢（イチロー選手の作文から学ぶ）溝口佳成 氏 ⑤困難に立ち向かい心を育てる道徳授業　松崎力 氏 ⑥夢の実現　高橋尚子　田村亮子　イチローより　大恵信昭 氏 ⑦伝統文化の尊重で「愛国心」は育つ　河田孝文 氏 ⑧奇跡的勝利を支えたラグビー日本代表の君が代　塩谷直大 氏 ⑨夢の実現　三島麻美 氏	①ルールの大切さを教える　河田孝文 氏 ②道徳：笑顔であいさつ！　小林正樹 氏 ③ルールを教える一人のズボンを脱がしてはならない　河田孝文 氏 ④ルールを教える一嫌がっている人に無理矢理何かをさせることは、「罪」である　河田孝文 氏 ⑤非行に歯止めをかけるのは教師の仕事だ　北島瑠衣 氏	①副読本「青の洞門」で討論を仕組む　岩清水裕行 氏

<著　者>
堀田和秀（ほりた　かずひで）

1978年兵庫県生まれ。兵庫教育大学学校教育学部 卒。

現在、兵庫県洲本市立洲本第一小学校教諭
NPO法人淡路島子どもの教育支援ネットワーク事務局。

TOSS淡路キツツキ代表。特別支援教育サークル「きずな」代表。

自身のNPOで、年間10回程度、授業力向上のための学習会を主催している。

また、淡路島内で行われる「特別支援教育連続セミナー」では、臨床心理士の先生方と共に年間4回の講師を務めている。

2017年の日本教育技術学会にて、教科書を使った道徳授業について提案した。

〈次世代教師シリーズ〉
道徳教科書フル活用！
楽しい道徳の授業プラン
～「人としての生き方5原則」を貫く授業の新構想～

2018年6月1日　初版発行
2019年4月30日　第2版発行

著　者　　堀田和秀
発行者　　小島直人
発行所　　株式会社 学芸みらい社
〒162-0833 東京都新宿区箪笥町31 箪笥町SKビル
電話番号 03-5227-1266
http://www.gakugeimirai.jp/
e-mail : info@gakugeimirai.jp
印刷所・製本所　藤原印刷株式会社
企画　樋口雅子
校正　一校舎
装丁デザイン　プレステージエイム
本文イラスト　大庭もり枝

落丁・乱丁本は弊社宛てにお送りください。送料弊社負担でお取り替えいたします。

ISBN978-4-908637-75-9 C3037

社会		
子どもを社会科好きにする授業	谷　和樹	2,000円
中学社会科"アクティブ・ラーニング発問"——わくわくドキドキ地理・歴史・公民の難単元攻略ポイント	峯　明秀	2,000円
アクティブ・ラーニングでつくる新しい社会科授業——ニュー学習活動・全単元一覧	北　俊夫・向山行雄	2,000円
教師と生徒でつくるアクティブ学習技術——「TOSSメモ」の活用で社会科授業が変わる！	向山洋一・谷　和樹・赤阪　勝	1,800円
クイズ主権者教育——ウッソー？ホント！　楽しい教材71	河原和之	2,000円
新社会科討論の授業づくり——思考・理解が深まるテーマ100選	北　俊夫	2,000円
有田式"発問・板書"が身につく！　社会科指導案の書き方入門	沼澤清一	2,000円
新中学社会の定期テスト——地理・歴史・公民 全単元の作問技法&評価ポイント	峯　明秀	2,100円
理科		
子どもが理科に夢中になる授業	小森栄治	2,000円
簡単・きれい・感動!!——10歳までのかがくあそび	小森栄治	2200円
英語		
教室に魔法をかける！　英語ディベートの指導法—英語アクティブラーニング	加藤　心	2,000円
音楽		
子どもノリノリ歌唱授業——音楽+身体表現で"歌遊び"68選	飯田清美	2,200円
図画・美術		
丸わかりDVD付！　酒井式描画指導の全手順・全スキル（絵画指導は酒井式　パーフェクトガイド）	酒井臣吾・根本正雄	2,900円
酒井式描画指導法——新シナリオ、新技術、新指導法（絵画指導は酒井式で！パーフェクトガイド）	酒井臣吾	3,400円
ドーンと入賞！"物語文の感想画"——描き方指導の裏ワザ20	河田孝文	2,200円
どの子も図工大好き！——酒井式"絵の授業"よういスタート！ここまで描けるシナリオ集	寺田真紀子・酒井臣吾	2,200円
酒井式描画指導で"パッと明るい学級づくり"１巻——低学年が描くイベント・行事＝親が感動する傑作！題材30選	酒井臣吾・神谷祐子	2,200円
酒井式描画指導で"パッと明るい学級づくり"２巻——中学年が描くイベント・行事＝描けた！達成感ある傑作！題材30選	酒井臣吾・上木信弘	2,200円
酒井式描画指導で"パッと明るい学級づくり"３巻——高学年が描くイベント・行事＝学校中で話題の傑作！題材30選	酒井臣吾・片倉信儀	2,200円
体育		
子供の命を守る泳力を保証する——先生と親の万能型水泳指導プログラム	鈴木智光	2,000円
運動会企画——アクティブ・ラーニング発想を入れた面白カタログ事典	根本正雄	2,200円
全員達成！　魔法の立ち幅跳び——「探偵！ナイトスクープ」のドラマ再現	根本正雄	2,000円
世界に通用する伝統文化——体育指導技術	根本正雄	1,900円
発達障害児を救う体育指導—激変！感覚統合スキル95	根本正雄・小野隆行	2,300円
道徳		
子どもの心をわしづかみにする「教科としての道徳授業」の創り方	向山洋一・河田孝文	2,000円
「偉人を育てた親子の絆」に学ぶ道徳授業 <読み物・授業展開案付き>	松藤　司＆チーム松藤	2,000円
あなたが道徳授業を変える	櫻井宏尚・服部敬一・心の教育研究会	1,500円
中学生にジーンと響く道徳話100選——道徳力を引き出す"名言逸話"活用授業	長谷川博之	2,000円
教室ツーウェイNEXT		
教室ツーウェイNEXT創刊記念１号——特集：アクティブ・ラーニング先取り体験！	教室ツーウェイNEXT編集プロジェクト	1,500円
教室ツーウェイNEXT創刊２号——特集：非認知能力で激変！子どもの学習態度50例	教室ツーウェイNEXT編集プロジェクト	1,500円
教室ツーウェイNEXT ３号——特集：新指導要領のキーワード100	教室ツーウェイNEXT編集プロジェクト	1,500円
教室ツーウェイNEXT ４号——特集："合理的配慮"ある年間プラン&教室レイアウト63例	教室ツーウェイNEXT編集プロジェクト	1,500円
教室ツーウェイNEXT ５号——特集："学習困難さ状態"変化が起こる授業支援60	教室ツーウェイNEXT編集プロジェクト	1,500円